동양상담학 시리즈 ⑮

이항복과 상담

나예원 · 박성희 공저

Oriental Counseling Series

학지사

동양상담학 시리즈를 펴내며

돌이켜 보면 참 오랫동안 한국상담 또는 동양상담에 대한 연구와 논의의 필요성을 느껴 왔다.

처음 상담계에 입문할 때는 그저 서양에서 들어온 지식을 열심히 섭취하여 상담을 잘하기만 하면 그만이라고 생각했다. 상담의 발상지가 서양이니까 그렇게 하는 게 하나도 이상할 것이 없고, 또 상담계에 종사하는 모든 사람이 그렇게 하니까 아무런 의구심이 들지 않았다. 하지만 시간이 지나면서 조금씩 내가 하는 일에 무엇인가가 빠져 있다는 사실을 눈치채기 시작했다. 서양 사람들에게서 뽑아낸 상담 지식을 한국 사람에게 그대로 적용하는 데 무리가 있다는 점을 알게 된 것이다. 그러니까 그때까지 나는 한국 사람을 서양 사람 대하듯 상담해 왔다. 이런 사실을 알게 되면서 내심 무척 당황하고 부끄러웠다. 한국 사람과 서양 사람이 모든 점에서 똑같다면 몰라도, 그렇지 않다면 맞지 않는 옷을 어색하게 입히려는 우스꽝스러운 짓을 하고 있었던 셈이다.

이때부터 나의 고민은 시작되었다. 어떻게 하면 한국 사람에게 어울리는 상담을 할 수 있을까? 어떻게 하면 한국 사람에게 적합한 상담 지식을 찾아내고 이를 체계적으로 정리할 수 있을까? 어떻게 하면 한국적 문화와 역사와 전통을 반영한 상담 이론을 구성할 수 있을까? 이런 고민 끝에 한국인의 일상생활에 스며 있는 삶에 대한 철학과 사상과 문화적 전통을 뒤져 보자는 생각을 하게 되었다. 그렇게 해서 이 책에 실린 원고들을 하나씩 쓰기 시작하였다. 이때 우연히 이웃나라 일본의 상담학자들도 일찌감치 나와 같은 고민을 하며 일본식 상담을 개발하였다는 사실을 접할 수 있었다. 모리타 상담과 나이칸 상담은 그들의 치열한 문제의식에서 비롯한 일본식 상담론으로서 우리가 한 번쯤 살펴볼 만한 가치가 있다. 이 책의 제목을 한국상담이 아닌 동양상담이라고 붙인 것은 일본식 상담이 포함되었기 때문이기도 하고, 동양사회를 관통하고 있는 유·불·도 삼가의 사상이 주요 주제로 다루어지고 있기 때문이기도 하다.

처음 이 원고를 집필하기 시작할 때는 한 권의 단행본으로 출판하려고 하였다. 그러나 작업을 하다 보니 앞으로도 이런 작업이 끝없이 이어져야 할 거라는 생각 그리고 연구가 완성될 때까지 오래 기다리기보다 그때그때 신속하게 연구 결과를 보고하는 편이 나을 거라는 생각이 들었다. 이 시리즈의 첫 원고가 이미 5년 전에 탈고되었다는 점이 이런 생각을 굳혔다. 앞으로 이 시리즈가 계속되기를 기대한다. 필자 역시 작업을 계속하겠지만, 한국상담과 동양상담에 관심 있는 상담학도라면 누구라도 이 작업을 이어 갈 자격이 있다. 그리하여 앞으로 100권, 200권을 넘어서까지 이 시리즈가 쌓여 가기를 바란다. 감히 말하건대, 이 시리즈 목록의 길이는 한국상담의 성숙도를 보여 주는 바로미터가 될 것이다.

필자는 상담을 전공하는 후학들이 '우리와 우리 것'에 대해 관심 가지기를 간절하게 바란다. 원고를 쓰면서 우리 역사, 사상, 철학, 문화 속에 상담 정신이 깃든 자료가 그렇게 풍부하다는 데 정말 놀랐다. 그럼에도 불구하고 이런 자료들이 상담학도들의 눈에 띄지 않았다는 사실이 참 이상하다. 다소 늦기는 했지만 이 자료들을 정리하여 현대 상담 속으로 끌어들일 때가 되었다. 외국으로부터 배울 것은 배우되, 온고지신하는 마음으로 우리 것을 품어서 한국상담학을 정립해 가는 창조적인 작업에 모두 동참하자.

이 작업을 시리즈로 기획하자고 제안하신 김진환 사장님 그리고 상담에 대한 깊은 애정을 가지고 정말 꼼꼼하게 교정과 편집 책임을 맡아 주신 최임배 부사장님에게 감사의 말씀을 드린다. 앞으로도 좋은 상담 책을 많이 출판하여 한국상담계의 발전에 큰 몫을 담당해 주시기 바란다.

청주 원봉산 자락에서

박성희

머리말

   상담은 청담자의 삶이 바람직하게 변화하는 것을 추구한다. 이때 변화의 원동력이자 그 자체가 목적이 될 수도 있는 것이 '긍정적인 삶'이다. 긍정이라는 키워드는 이미 일상에 깊게 들어와 있다. 각종 매체에서 긍정적인 태도로 어려움을 이겨낸 인물의 일화를 끊임없이 소개하고 있으며, 우리는 그 일화를 통해 큰 감동과 교훈을 얻는다. 많은 이가 원하는 '바람직한 삶'이 '긍정적인 삶'과 매우 밀접하다는 것을 보여 주는 현상이다.

   따라서 상담을 공부할 때, 긍정적인 삶을 함께 탐구하고 연구하는 것은 분명히 가치 있는 일이다. 그러나 현대 한국 상담학의 많은 부분이 서양의 상담학자와 그들의 이론에 신세를 지고 있다고 해도 과언이 아니다. 이것은 개인의 긍정성을 탐구하는 부분에 있어서도 마찬가지이다. 상담이 개인의 삶을 변화시키는 과정이라

고 할 때, '우리의 삶'에 들어맞지 않는 서양 상담 이론
은 한계를 드러낼 수밖에 없다.

이런 상황에서 박성희의 기획하에 2007년부터 출간
되기 시작한 〈동양상담학 시리즈〉는 한국 상담학의 새
로운 방향을 제시하고 있다. 동양상담 및 한국상담의
재료가 될 수 있는 다양한 사상을 소개하고, 그것을 현
대화시켜 적용할 수 있는 이론적 배경을 제공하는 것
이다. 필자들은 그동안 출간된 〈동양상담학 시리즈〉에
『이항복과 상담』을 더하고자 한다.

이항복은 우리 역사 속에서 두 가지 모습으로 존재한
다. 하나는 '오성과 한음' 이야기 속 오성으로 장난기 넘
치면서도 용감하고 지혜로운 소년의 모습이다. 다른 하
나는 조선 중기의 문신이자 학자로, 당쟁과 임진왜란이
라는 격동기를 정면으로 맞서 살았던 인물의 모습이다.
필자는 여기에 이항복의 새로운 모습을 하나 추가하려

고 한다. 바로 긍정적인 삶의 실천가이자 상담자로서의
이항복이다. 필자들은 이항복의 삶을 살펴보며, 절망적
인 상황 속에서도 긍정성과 자기애를 놓지 않았던 모습
에 큰 감명을 받았다. 또한 그의 삶에 녹아 있는 긍정성
을 상담학적으로 재해석하는 것은 한국 상담의 발전에
도움을 줄 뿐 아니라, 우리가 좀 더 행복한 삶을 살 수
있도록 안내해 줄 것이라고 확신할 수 있었다.

　이항복의 삶에서 추출할 수 있는 상담학 재료는 이
책에 언급된 부분 외에도 많으리라 생각한다. 많은 상
담학도가 그의 삶에 관심을 가지고 꾸준히 연구하여 그
결과를 현대화하는 작업에 동참해 주기 바란다. 이 글
은 그 작업의 하나가 될 것이다.

2017년 겨울
나예원

차례

1

왜 이항복인가

최근, 한국 사회는 큰 피로에 빠져 있다. 한국인의 삶
의 만족도가 OECD 국가 중 최하위라는 이야기는 더 이
상 놀라운 사실도 아니다. 헬조선[1]과 같은 자극적인 신
조어는 사회를 향한 커다란 불만을 반영하고 있다.

하지만 이처럼 부정 정서가 팽배한 사회임에도, '행복
한 삶' '긍정적인 삶'에 대한 욕망은 사라지지 않았다. 사
람들은 『미움받을 용기(자유롭고 행복한 삶을 위한 아들
러의 가르침)』, 『필사의 발견-오늘, 행복을 쓰다(아들러

---

1) 헬조선(Hell朝鮮): 2010년 이후 널리 쓰이게 된 인터넷 신조어로,
   한국 사회의 폭력적이고 부조리한 모습을 지옥에 비유한 용어이다.

의 행복과 긍정 메시지 99)』처럼 '행복' '긍정'과 밀접한 책들을 여전히 선호하고 있다. 또한 2016~2017년의 촛불혁명은 '더 나은 미래'를 추구하는 사람들의 열망이 생생하게 담긴 사건이라고 할 수 있다. 이와 같은 모습은 우리 사회가 긍정성을 회복하는 데에 생기를 불어넣어 줄 원동력이다.

그렇다면 행복을 추구하는 사람들을 위해 상담 현장에서는 무엇을 할 수 있을까? 일반적으로 상담이란 인격적인 만남을 통해 사람의 바람직한 변화를 돕는 과정으로 정의된다(박성희, 2007a). 즉, 청담자가 가지고 있는 부정적인 정서가 긍정적으로 변화하도록 끊임없이 격려하고, 이 과정에서 인식 전환이 일어나도록 지지하는 활동인 것이다.

청담자의 성공적인 변화를 돕기 위해, 저자는 긍정심리학에 관심을 두고 살펴보았다. 긍정심리학이란 사람이 심리적 문제를 해결하고 행복한 삶을 살 수 있도록 돕는 학문이다. 단순히 불안감을 해소하여 안정을 찾는 차원이 아니라, 인간의 행복을 실천하는 과학적인 도구를 갖추고 행복을 만들 수 있도록 지원하는 데 의의가 있다(김인자, 우문식 역, 2014).

그러나 각 지역의 문화나 사회적 분위기에 따라 좋은 삶을 구성하는 요건은 달라질 수밖에 없다. 외국, 특히 서양의 긍정심리학 연구를 우리 사회에 그대로 적용하는 데에는 많은 무리가 따를 것이다. 우리의 특수성이 반영된 긍정심리학 연구를 위하여 우리가 가진 자산을 제일 먼저 살펴보아야 함은 당연한 것이다. 이미 한국 긍정심리연구소의 우문식 소장은 "우리나라 전통문화 속 가장 대표적인 정서가 끼, 정, 흥이다. 이들은 긍정심리학의 대표 요소인 강점과 긍정 정서로 해석할 수 있다. 우리들의 고유 정서와 전통적인 강점을 쉽고 자연스럽게 적용할 수 있을 것이다."(Ibid.)라고 밝히며, 우리 것을 통한 긍정심리학의 발전 가능성을 이야기한 바 있다.

그렇다면 긍정적 삶의 역할 모델로 적절한 우리 역사 속 인물에는 누가 있을까? 저자는 우리에게 잘 알려진 '오성과 한음' 이야기 속 주인공인 백사(白沙) 이항복(李

恒福)에 주목하였다.

이항복은 조선 중기의 인물로 붕당, 전쟁, 사화 등으로 얼룩진 정치·사회적 격변기를 살았다. 그러나 이승수(2011)는 이항복의 한시에서 "절망과 상처로 얼룩진 삶에 대한 통찰과 애정, 낙관과 긍정의 힘"을 발견할 수 있다고 밝혔다. 또한 문성대(2010)는 이항복의 문학 작품과 그와 관련한 우스개 이야기에서 "당대인들이 삶을 살아가면서 마주치는 부정적인 현상들을 웃음을 통해 전복하고 치유하고자 했던 긍정적 상상"을 볼 수 있다고 하였다. 이 밖에도 이항복과 관련한 많은 자료는 그가 현실의 어려움 속에서도 낙관적인 마음과 자기 삶에 대한 애정을 잃지 않았음을 보여 준다.

어려운 상황 속에서도 긍정성을 잃지 않을 수 있었던 이항복의 힘은 무엇이었을까? 그리고 그의 긍정적 삶의 태도를 분석하여 현대 상담에 적용할 수 있을까?

이 연구는 이러한 의문을 바탕으로 착안되었다. 우리나라를 대표할 만한 긍정적 삶의 소유자인 이항복의 일생을 살펴보고, 긍정적인 삶의 요소를 추출하여 이를 상담학적으로 적용하는 것은 분명 의미가 있을 것이다. 따라서 이 연구에서는 그동안 정치가로서 부각되어 온 이항복의 삶을 긍정성의 관점에서 재해석한 다음, 그 요소를 현대 상담과 접목해 보고자 한다. 이는 '헬조선' 속에서 긍정성을 회복하고 행복한 삶을 살고자 하는 현대인에게 도움을 줄 수 있을 것이다.

이항복의 삶

　백사(白沙) 이항복(李恒福)은 1556년(명종11) 아버지 이몽량과 어머니 전주 최씨 사이에서 태어났다. 이항복이 아홉 살 되던 해, 아버지 이몽량이 세상을 떠났다. 이후 이항복과 그의 가족은 심한 가난에 시달리게 되었다. 이항복은 자신의 어머니가 "낡은 옷을 입고 일하며 등불 아래에서 반평생을 고생했다."(이한, 2010, p. 29)라고 기억하였고, 어머니는 종종 아들 항복에게 "우리 집이 하루아침에 망했지만, 내가 좀 더 오래 살아서 네가 출세하는 것을 보면 …… 내가 죽어서라도 먼저 간 너희 아버지에게 할 말이 있겠구나."(Ibid.)라고 이야기하였다.

소년 시절의 이항복은 아이들과 몰려다니며 노는 것에 몰두하였고, 학문에는 큰 관심을 두지 않았다. 그가 엇나갈 조짐을 보일 때마다 어머니의 호된 야단이 그를 바로 세워 주었던 듯하다. 하지만 열다섯 나이에 어머니마저 돌아가시게 되자 그는 긴 방황을 하게 된다. 이항복은 먼 훗날 「한식사선묘시차두자미칠가(寒食思先墓 詩次杜子美七歌)」라는 시를 통하여 자신의 어린 시절을 다음과 같이 회상한다.

나는 태어난 운명이 박하고 외로우며 좋지 못할 때 태어나서, 겨우 아홉 살 때 아버지를 여의었고, 겨우 열다섯이 지나 어머니께서 돌아가셨다. 영근(靈根)이 이미 넘어지고 형제들이 뿔뿔이 헤어지고 나서는, 혼자서 외짝 그림자를 이끌고 의지할 곳 없어 남이 주는 것을 받아먹고 지냈다. 어려서는 집안의 교훈을 받지 못했고, 자라서는 스승과 친구들의 도움도 받지 못한 채 미친 듯이 제멋대로 달리면서 짐승처럼 홀로 자랐다.

(이한, 2010, p. 24)

청년이 된 이항복은 삶의 전환점이 되는 두 가지 인연을 맺게 된다. 그중 하나는 열아홉의 나이에 권율의 사위가 된 것이다. 권율은 이항복의 방황을 모두 포용해 주었던 인물로, 이항복과의 재미있는 일화들이 민담에서 전해지고 있다.

두 번째 인연은 '오성과 한음' 이야기의 또 다른 주인공인 한음 이덕형과의 인연이다. '오성과 한음' 이야기에서는 이항복과 이덕형이 어린 시절부터 친구인 것으로 묘사된다. 그러나 사실 이 둘은 1578년에서야 처음 만났다. 그때 이항복의 나이는 스물셋이었으며, 이덕형은 다섯 살 어린 열여덟이었다.[1] 이후 두 사람은 평생지기로 깊은 우정을 나누며 서로에게 많은 영향을 끼치게 된다.

이항복이 정치가로서 두각을 나타내게 된 것은 1580년 알성시 병과(丙科)에 합격하여 승정원 종9품의 벼슬을

---

[1] 우리에게 널리 알려진 이항복과 한음 이야기는 민간에서 전해 내려오는 민담에 이름만을 빌려 넣은 형태가 많다. 특히 구전되다가 채록된 이항복 설화는 200편에 가까운데, 이는 민간에서 이항복의 인기가 오랜 세월 이어졌음을 알게 해 준다(이승수, 2011, p. 37).

받게 되면서부터이다. 이후 예문관 봉교, 성균관 견적, 사간원 정언, 지제교, 이조좌랑 등의 벼슬을 거쳐 1588년에는 이조정랑으로 임명되었다. 얼핏 보면 남들이 부러워할 출셋길이지만, 세파의 한가운데를 견뎌 내야만 했던 그의 정치적 배경을 보여 준다고도 할 수 있다.

1589년, 정여립의 역모 사건이 발생한다. 이후 정여립과 친분이 있던 동인에 대한 대대적인 박해가 벌어졌으니, 이것이 기축옥사(1589)이다. 당시 이항복은 문사낭청 자리에 있었는데, 오가는 심문과 진술 등을 받아 적는 기록관이었다. 이항복은 일을 정확하게 처리하였으므로 선조의 신임을 받았다. 이 과정에서 억울하게 모함당한 이들을 여러 방법으로 보살핌으로써 목숨을 구해 주는 경우가 많았다.

이후 이항복은 정여립의 옥사를 다스린 공로로 정3품의 벼슬에 오르게 된다. 당시 동인은 기축옥사가 반란이기는 하나 억울한 이들이 너무나 많이 희생되었다고 주장하였고, 이에 선조는 모든 책임을 송강 정철에게 씌워 축출하였다. 결국 정철은 강계로 귀양을 가게 되는데, 이때 유일하게 그를 배웅해 준 이가 이항복이었다. 이에 정철은 큰 감동을 하였다. 정철은 유배지에서 "내 생애는 설새령에 놓였지만 마음은 필운산에 가 있네."(이한, 2010, p. 99)라는 시를 쓴다. '필운'은 이항복이 본래 쓰던 호(號)였다. 동인은 이것을 빌미 삼아 이항복을 정철의 심복이라고 말하며, 이항복과 정철이 짜고 옥사를 일으켰다고 공격했다. 결국, 이항복은 자를 필운에서 백사로 바꾸게 된다.

그러나 이항복은 당파에 휩쓸리지 않기 위해 노력했던 인물이기에 동인 측의 공격은 온당하지 않았다. 김명원은 이항복과 정철을 한데 묶어 욕하는 이들에게 "이항복과 정철은 나이와 지위가 크게 달라 평소 사귐이 깊지 않았으며, 정철과 사귄 것이 죄가 된다면 나부터 처벌을 받아야 한다."(이한, 2010, p. 100)고 하였으며, 특히 신흠은 다음과 같은 구절로 이항복의 공정함을 기록했다.

조정에 붕당이 생겨 서로 다툰 지 40여 년 동안 현명하고

못난이를 막론하고 모두가 한쪽을 편들어 내세우지 않음이 없었다. 공 홀로 중정을 굳게 지켜 치우치지 않으니 우뚝함 이 태산 고봉과 같아 사람들이 감히 헐뜯지 못하였다.

(서한석, 2006, p. 26)

1591년 이항복은 호조 참의가 되었으며, 같은 해 도 승지로 승진했다. 1년 후인 1592년, 임진왜란이 발발한 다. 이때 이항복은 도승지로서 국가의 존망이 걸려 있 는 다양한 군정 업무를 처리하게 된다. 이항복은 전쟁 동안 병조판서, 이조판서, 대제학 등을 거치며 군사 업 무를 담당하였고, 때로는 명나라 군대의 접반사로서 전 쟁과 관련한 지원을 하기도 하였다. 임진왜란을 겪으며 이항복은 광해군의 신임도 얻게 된다. 그러나 전쟁 중 에도 여전했던 당파 간의 대립은 전쟁이 종결된 이후에 도 마찬가지였다. 선조가 승하하고 광해군이 왕위에 오 르면서부터는 본격적으로 악화되었다. 1602년, 북인이 기축옥사를 다시 언급하며 정철과 성혼을 공격하자 이 에 이항복은 상소문으로 성혼을 변호하다가 사직하게 되었다. 이때부터 1607년까지 이항복은 정치 세계에서 벗어나 독서와 여행 등을 하며 시간을 보냈다.

이항복이 다시 조정에 발을 들인 것은 1608년의 일이다. 임진왜란에서 연을 맺은 광해군의 부름에 의함이었다. 서한석(2006)에 의하면, 광해군은 이항복과 같이 중립적인 입장을 견지하는 충신들을 불러 당파 싸움으로 혼란스러운 조정의 세력 균형을 유지하고자 하였다.

그러나 1613년 계축옥사가 발생하면서 이항복은 또한 차례 위기를 맞는다. 포도청이 강도질을 하던 서자들을 체포하였는데, 그중 박응서라는 이가 광해군을 몰아내고 영창대군을 왕으로 세우고자 강도질을 했다고 말한 것이다. 사태는 걷잡을 수 없이 커졌다. 북인은 역적을 모두 잡아 죽여야 한다고 주장하였고, 고작 일곱 살이었던 영창대군 역시 표적이 되었다.

북인은 이항복에게 영창대군의 처벌을 직접 청하라고 압박하였다. 하지만 이항복은 자신의 소신을 꺾지 않고 반대 의견을 내놓았다. 영창대군의 죽음이 불러올 후환을 이미 예감하고 있었을뿐더러, 조선이라는 나라와 임금 광해군을 위해서도 옳지 않은 처사라 생각했던 것이다.

결국 이항복과 다른 신하들은 영창대군을 죽이지 말고 귀양을 보내라 주청하였다. 그러나 영창대군을 죽여야 한다는 분위기는 여전히 거셌고, 인목대비 역시 폐해야 한다는 주장이 커졌다. 이항복은 신하로서 임금의 어머니를 폐하려 하는 것이야말로 진짜 역적이 할 일이라는 입장을 밝히며 북인과 대립하게 되었다.

이항복은 자신의 의견을 상소로 올리려 하였으나, 얼마 후 탄핵당함으로써 뜻을 전달하지 못했다. 1611년 이항복은 궁궐을 떠나게 되고, 그와 뜻을 함께했던 이덕형만이 조정에 남아 사태를 수습하려 애쓰게 된다. 그러나 그 역시 탄핵을 받고 물러나게 되었으며, 식음을 전폐한 후 기력이 쇠하여 사망하고 만다. 이항복은 오랜 친구였던 이덕형의 죽음을 슬퍼하며 묘지(墓誌)를 쓴다.

이덕형의 사망 후 이항복은 도성 바깥의 망우리로 거주지를 옮긴다. 동강정사라는 이름의 집을 짓고, 스스로 동강노인이라 부르며 시골 사람들과 어울리거나 여행을 다니며 지냈다. 이때 이항복과 사귀었던 사람들은 그가 내로라하는 벼슬자리에 있던 이라고 생각지 못하고 그저 재미있고 농담 잘하는 노인 정도로 인식했다고 한다.

이항복이 조정을 떠난 지 오랜 시간이 흘렀음에도 궁 안은 인목대비의 폐위 문제로 여전히 시끄러웠다. 궁궐 밖에 있어도 신하의 의무를 저버리지 않았던 이항복은 목숨을 걸고 인목대비 폐모론에 반대하는 상소를 올린다. 광해군은 이항복을 감싸려 했으나, 그의 측근들은 거세게 반발하며 이항복을 벌하라 요청한다. 결국 이항복은 북청으로 귀양 가게 된다. 1618년의 일이었으며, 그는 귀양지에 도착한 지 머지않아 세상을 떠나게 된다. 예순셋의 나이였다.

비록 다사다난한 길을 걸으며 유배지에서 생을 마쳤지만, 그가 한 나라의 충신이자 명신으로서 떳떳한 삶을 살았음은 역사가 말해 주고 있다. 신흠은 이항복에 대해 다음과 같이 칭송했다.

옛날 선조 대왕께서 덕을 실행하심이 하늘에 맞닿았네. 영재들을 길러 두셨으니 논밭에서 곡식을 기르심과 같았네. …… 누가 가장 으뜸인가 하면 나는 말하리라. 우리 이공(李公)이라고. 긴밀한 왕명이 있으면 딱 들어맞게 밝히어 행하였네. …… 나라엔 액운이 들어 하늘까지 질펀하여 건질 이 누구리. 그대는 배의 노가 되었고, 저고리조차 해어져 가면서, 북극성과 북두성 따라 중국에 사정을 알려 나라의 걸음을 처음 같이 만들었네. 왕께서 그대를 가상히 여기시고 너는 나의 팔다리라 하셨네. 무엇을 내려 줄까. 정승 지위가 응당하리라. 후세에도 남기어서 나라의 큰 계획에 도우려 했었네. …… 영예가 공에게 무엇이리오. 곤욕이 공에게 무엇이리오. 영욕은 가고 또 오는 것. 공에게는 문제도 되지 않는다네. 참으로 맛볼 만한 것은 혼령의 온전함이로다. …… 해 지는 서쪽과 해 뜨는 동쪽으로 봉황을 타고 가시었어도 백 세 후에도 있으실 것이요, 백 세 전에도 있으셨도다. 공께서 그 사이에 계시어 한 점 부끄러움이 없으시니 내가 명을 지어 밝히 비추어서 우매한 자를 떨쳐 일으키려 하네.

(이종건, 2013, pp. 21-23)

또한 이항복이 유배길에 올랐을 때, 한 북청 유생이 전했던 말은 백성들이 그에게 지니고 있던 존경심을 보여 준다.

몇 년 전에는 지방 장수들을 파견함에 호명에 따름이 분명하고 지방 수령들도 법을 잘 지켰으며 백성들도 생업이 편안하고 농사 역시 풍년일 때가 많았습니다. 조정에서 고을을 다스리는 이가 누구인가 물어보니 상공께서 조정에 계시어 문무 양쪽을 맡아 다스리고 계셨습니다. 몇 년이 지난 뒤 관리들이 많이 바뀌었는데, 탐욕스러운 풍속이 다투어 일어나고 백성들의 세금도 일정치 않았으며, 홍수와 가뭄이 계속되고 죄인들이 길에 가득하여 원망하는 분위기가 하늘을 찔렀습니다. 상공에 관해 물어보니 이미 관직을 떠나셨고, 그사이 나라에는 사건들이 많았습니다. 이로 인하여 대감의 진퇴가 나라의 치란(治亂)과 관계가 있으며, 백성들의 우러름이 더욱 공경스러워짐을 알았습니다. 어찌 생각이나 했겠습니까? 오늘날 이 황량한 곳으로 유배 오실 줄을. 우리야 대감의 모습을 뵈올 수 있으니 참으로 행운입니다만, 온 나라의 백성들은 어떠하겠습니까?

(서한석, 2006, p. 36)

이항복이 관리였을 때에는 고을이 평안하여 백성이 편히 살았는데, 이항복이 자리에서 물러나자 풍속이 탐욕스러워지고 백성의 원망이 커졌다는 이야기이다. 이처럼 이항복은 한 나라의 충직한 신하였으며, 동시에 백성의 존경을 받는 위인이었다.

지금까지 이항복의 생애를 살펴보았다. 이항복은 정치 일선에서 임금에게 인정을 받아 고위 관직에 올랐으며, 기축옥사, 임진왜란, 계축옥사 등 조선 중기 격동의 시대를 정면으로 관통했던 인물이다. 그러나 문성대(2010), 이승수(2011)의 연구와 같이 그가 남긴 일화나 문학작품을 살펴보면 따뜻함과 긍정성, 유머를 느낄 수 있다. 험악했던 시대적 상황을 생각해 보면 놀라운 일이다. 그의 긍정성은 태평성대에서 이루어진 것도, 사회로부터 등 돌린 은둔지에서 발현된 것도 아니다. 오히려 가장 혼란스럽고 어려웠던 시대의 한복판에서 발현된 긍정성이기에 우리는 그의 삶의 원리를 더욱 주목할 필요가 있다.

3

이항복의 긍정적 삶의 원리

1. 긍정 정서를 유발하는 요소

긍정 정서의 체험은 긍정적인 삶의 핵심이자, 행복을 느끼기 위한 가장 중요한 요소이다. 누구나 부러워하는 지위에 있다 한들, 일에서 즐거움과 기쁨을 느끼지 못하는 사람이 과연 행복할까? 상대적으로 곤궁한 환경임에도 행복 지수가 높은 나라의 사람들을 어떻게 이해할 수 있을까? 결국 행복이라는 주관적 상태를 느끼기 위하여 우리는 긍정 정서의 체험이라는 과정을 거쳐야 한다.

이항복의 삶에서 긍정 정서를 유발했던 요소에는 어떤 것들이 있을까? 이항복에 대해 남아 있는 각종 일화와 그가 직접 남긴 자료를 바탕으로 찾아보기로 하겠다.

1) 유머

유머는 어려움을 극복하는 데 여러 가지 방법으로 도움을 준다. 유머를 통해 터뜨리는 웃음은 스트레스와 근심을 해소해 줄 뿐 아니라, 상황을 객관적으로 바라보게 함으로써 문제 해결 방안을 탐구하도록 한다. 즉, 인식 전환을 통해 긴장을 이완하고 즐거움을 선사한다는 것이다. 이항복은 부담천자(浮談天子), 즉 유머의 왕이라 불릴 정도로 유머를 즐겼던 인물이다. 그의 일화 중 익살과 웃음을 지어 내는 몇몇 장면들을 살펴보도록 하겠다.

① 이항복과 그의 장인인 원수 권율은 빈정대며 희롱하기를 좋아했다. 더운 여름날 입궐하게 된 이항복이 장인에게 말했다. "오늘은 날씨가 몹시 더워 장인께서 견디시지 못할

것 같습니다. 버선을 벗고 신을 신는 게 좋겠습니다." 권율은 그러겠다고 대답했다.

대궐에 들어가서 한참 있다가 이항복이 왕 앞으로 나오며 아뢰었다. "날씨가 몹시 더워 나이든 재상들이 의관을 갖추고 있기에 가려울 듯하옵니다. 청하옵건대 신을 벗도록 해 주시옵소서." 선조는 매우 옳은 말이라고 했다.

그리하여 영의정부터 차례로 신을 벗게 되었다. 권율은 선뜻 신을 벗지 못한 채 이항복을 바라보며 어쩔 줄 모르는 것이었다. 선조는 권율이 임금 앞에서 신을 벗기가 어려워 그러는 것이라 생각하고 내관에게 신을 벗겨 주라고 명했다. 그런데 신을 벗기고 보니 맨발이 드러났다. 권율은 도포 자락으로 발을 가리고 엎드려 아뢰었다. "이항복에게 속아 이리 되었나이다." 임금은 손뼉을 치며 크게 웃고 여러 신하들도 배를 움켜쥐었다.

(문성대, 2010, pp. 136-137)

② 권율은 사위에게 복수의 칼날을 갈았다. 여기에는 임금인 선조를 비롯하여 다른 조정 중신들도 우르르 참여했다. 그리하여 오성이 잠깐 자리를 비운 날, 선조는 지엄한 왕령을 내렸다. 내일 아침 모두 달걀을 하나씩 들고 오라는 것이었다. 한 사람을 놀리기 위해 왕과 신하들이 당파를 초

월해 묵은 원한을 잊고 하나가 된 것이다.

다음 날, 아무것도 모르는 오성이 출근을 했다. 모든 조정 대신들이 한자리에 모이자 선조가 명령을 내렸다. "조정 중신들은 모두 달걀을 바치도록 하시오." 권율을 비롯한 신하들은 모두 소매 속에 넣어 뒀던 달걀을 꺼내 바쳤다. 아무것도 모르는 오성은 처음에는 어리둥절했으나 이내 돌아가는 상황을 파악하고 선수를 쳤다. 힘껏 팔을 휘저으면서 홰를 치고 크게 외친 것이다.

"꼬끼오! 꼬끼오! 꼬끼오!" 오성이 갑작스럽게 닭을 흉내 내자 주변 사람들의 눈이 휘둥그레진 것은 당연지사였다. "자네는 왜 닭 흉내를 내는 건가?" 왕이 묻자 오성이 대답했다. "전 수탉입니다. 저는 알을 만들어만 주지, 지금 가진 알은 없습니다."

(이한, 2010, pp. 64-65)

③ 어느 날 밤 오성은 부인 곁에 누웠다가 갑자기 벌떡 일어나 밖으로 나갔다. 뒷간에 가나 보다고 대수롭지 않게 생각하던 부인은 오랜 시간이 지났는데도 오성이 돌아오지 않자 슬슬 걱정이 됐다. 한참이 지나 방으로 돌아온 오성은 뒷간에 오래 있었더니 엉덩이가 차갑다고 하면서 얼음장처럼 차가운 엉덩이를 따뜻한 부인 엉덩이에 비비는 것이었다. 이

러기를 여러 차례, 부인은 오성이 뒷간에 가는 척하면서 방을 나가 차가운 차돌 위에 앉아 엉덩이를 식힌 다음 되돌아와 자기를 골탕 먹이고 있음을 눈치채게 되었다. 오성의 장난을 알아챈 부인은 역습을 한다. 어느 날 부인은 차가운 차돌을 숯불로 뜨겁게 달궈 놓았다. 사정을 모르고 그날 밤도 차돌 위에 털퍼덕 주저앉았던 오성은 비명을 지르며 벌떡 일어날 수밖에 없었다. 엉덩이를 크게 데인 것이다. 두 부부는 이렇게 조그만 사건들을 만들어 내며 재미있게 살았다.

(박성희, 2014, pp. 198-199)

이처럼 이항복은 주변 사람들에게 끊임없는 웃음거리를 제공하며 즐겁고 유쾌한 일상을 보냈다. 그의 장난은 딱딱하고 권위적인 조정 분위기조차 웃음의 장으로 만드는 효과가 있었고, 살벌했던 붕당 간의 긴장을 완화시켜 주기도 하였다.

2) 풍자

'풍자'는 사회 현상이나 인물의 결점을 비웃으면서 비판하는 행위이다. 이때 풍자의 대상은 갑(甲)에 해당하는 인물이거나, 개인의 힘으로 이겨 낼 수 없는 사회의 부정적 분위기를 포함한다.

이항복은 곤충이나 짐승을 소재로 하여 많은 풍자시를 지었다. 그중 대표적인 것이 「삼물음(三物吟)」이다. 올빼미 같은 사람, 쥐 같은 사람, 매미 같은 사람을 각기 짐승과 곤충에 비유하여 비판한 것이다.

① 올빼미
머리 돌려 엿보다가 사람을 약탈하여 날아가는 놈아.
배부르면 하늘을 빙빙 도니 누가 너를 알리오.
때로는 난새, 고니도 방자히 함께 즐기겠지만
오로지 네 속마음에만 썩은 쥐가 있다오.

(이종건, 2013, p. 50)

② 쥐
측간 쥐가 자주 놀라는 것을 사당 쥐는 의심한다.
몸을 안전하게 하기는 창고가 제일 좋구나.
뜻이란 게 배부르면 그만일 테지.
땅 꺼지고 하늘이 무너져야 위태로움을 안다네.

(Ibid.)

③ 매미

단지 서늘한 하늘을 향해 가을 이슬만 마시면서

뭇 새들과 함께 높은 가지를 다투지 않는구나.

사마귀야, 매미를 잡으려 말아라.

인간의 그 무엇인들 어리석지 않으리.

(Ibid.)

①에서는 배가 불러도 끊임없이 욕심을 부리는 사람을 올빼미로 비유하고 있다. 신뢰를 잃을 만한 행위를 반복하기에 아무도 그를 찾지 않는다. 가끔 난새, 고니로 비유되는 새로운 인물이 어울려 줄 때도 있으나, 여전히 마음속에 음험한 욕심이 들어 있는 탓에 결국 손가락질을 받는 인물로 남게 된다. 이렇듯 ①의 시는 약자를 약탈하고 괴롭히는 품격 낮은 인물을 비웃고 있다.

②에는 세 종류의 쥐가 나온다. 측간 쥐, 사당 쥐, 창고 쥐이다. 쥐는 사람을 비유하고, 측간, 사당, 창고는 각각 주어진 환경과 상황을 말한다. 사당 쥐는 측간 쥐가 자주 놀라는 것을 의심스럽게 생각한다. 좁은 세상에 갇혀 타인의 상황을 이해하지 못하는 사람을 풍자한

다. 창고 쥐는 가장 안전하게 살고 있지만, 지금 당장 배부르고 등 따뜻한 것에 만족하여 큰 뜻을 세우지 않는다. 위기를 느끼는 순간은 이미 땅이 꺼지고 하늘이 무너진 이후이다. 뒤늦게 후회해 보아야 소용없다. 이처럼 ②의 시는 좁은 시야를 가지고 어리석은 판단을 하는 사람을 비웃는다.

③의 매미는 목청을 높여 노래 부르고 있다. 사마귀는 매미를 낚아챌 틈을 노리고 접근한다. 그러나 사마귀 뒤에는 사마귀를 노리고 접근하는 새가 있다. 눈앞의 이익을 좇느라 자기가 어떤 위험에 빠져 있는지 알지 못하는 어리석은 사람이다. 동시에 서로를 먹잇감으로 인식하고 노리는 인간 사회의 모습을 풍자하기도 한다.

그의 풍자 정신은 조정에서도 거침없이 발휘된다.

① 이항복이 비국[1]의 자리에 참석하다가 혼자만 늦었다. "싸우는 광경을 보다가 나도 모르게 늦었습니다."라고 이르

기에, 여러 재상이 무슨 싸움을 보았냐고 묻자 말했다. "내시가 중의 머리카락을 움켜쥐고, 중은 내시의 불알을 잡고 있었지요." 여러 재상이 크게 웃었다.

(이승수, 2011, p. 47)

② 이항복은 우스갯소리를 잘했다. 어떤 이가 말했다. "동서의 싸움으로 끝내 왜구를 불렀으니 매우 통탄스럽습니다." 이항복이 말했다. "동서 당의 사람들은 서로 싸움에 익숙한데, 조정에서는 왜 이들로 적을 막지 않는가?"

(Ibid.)

이 일화들은 당쟁과 임진왜란으로 혼란스러운 와중에 만들어진 것이다. ①에서 이항복은 '없는 것', 즉 쓸데없는 것을 두고 편을 갈라 싸우는 당시 조정의 모습을 우스꽝스럽게 묘사했다. ②에서는 당쟁으로 싸움에 익숙한 사람들을 전쟁에 내보내자는 뼈 있는 농담을 던진다. 국란 와중에도 자기 이익을 챙기느라 나라를 돌

---

1) 비국(備局): 비변사, 조선 시대에 군국 사무를 맡아보던 관아. 출처: 국립국어원

보지 않는 무능한 신하들을 비꼬는 것이다.

정의롭지 못한 시대와 갑(甲)의 횡포를 맞닥뜨렸을 때, 사람들은 분노, 혐오, 슬픔 등 다양한 부정적 감정을 느끼게 된다. 조선 시대의 혼란기를 살던 이항복 역시 마찬가지였을 것이다. 그러나 이항복은 시대의 모습을 유머와 풍자로 희화화하였다. 이는 웃음을 유발함으로써 부정적 감정을 어느 정도 해소하는 역할을 한다. 오늘날 사람들이 정치 풍자 만평을 보며 통쾌함을 느끼는 것도 같은 모습이라 할 수 있다.

3) 해학

해학은 세상의 돌아가는 현실을 우스꽝스럽게 표현한다는 점에서 풍자와 비슷하다. 그러나 풍자가 부정한 인물이나 시대상을 비판하기 위해 쓰인다면, 해학은 억압받고 고통받는 대상에 대한 애처로움과 동정이 녹아 있다는 점에서 구분된다.

① 소나기구름이 비를 몰아 냇물이 불어나

사람과 병든 당나귀가 코만 내밀고 떠가네.

산머리 늙은 나무에 혼이 있다면

분명 오늘 밤 우리 행렬을 보고 웃어버리겠지.

(이종건, 2013, p. 58)

② 임진왜란 중 도승지를 지내고 있던 이항복은 피란 무리를 이끌고 있었다. 허둥지둥 걷고 있는 도중 누군가가 눈에 들어왔다. 임금의 어의(御醫)였던 양동지(양예수)였다. 당시 돈 많은 사람은 최고의 의사였던 양동지에게 많은 돈을 주며 불러들이려 하였으나, 그는 다릿병이 낫지 않아 일어날 수 없다는 핑계로 모든 제의를 거절하고 있었다. 그런데 험난한 피란 행렬 속에서는 잘만 걷고 있는 것이었다. 이에 이항복이 "아니, 이거 양동지 아니신가. 매번 다리가 아파서 걷지도 달리지도 못하신다더니만, 역시 다리 병에는 난리탕(亂離湯)이 최고인 것이군!"라고 말하자 피란행렬의 모두가 웃음을 터뜨렸다고 한다.

(이한, 2010, pp. 109-110)

③ 계축옥사(癸丑獄事)에 자산 사람 이춘복을 어떤 사람이 고발하였으므로, 금오랑이 자산에 찾아가 종적을 살펴보니 이춘복은 없고 이원복만 있었다. 금오랑이 이 사실을 조

정에 아뢰니 국청에서 이원복을 잡아 심문하려 하였다. 그때 이항복이 위관으로 그 자리에 앉아 상황을 살펴보니, 이미 이원복에 대한 심문이 정해져 함부로 깨트릴 수가 없었다. 그러나 아무 말도 하지 않고자 하여도 무고한 사람이 횡액에 걸리지 않을까 걱정되어 이내 말하였다.

"내 이름 또한 저자와 더불어 서로 비슷하니, 모름지기 글월을 올려 내 자신을 변호해야지만 무사할 수 있겠구려!"
좌우에 있던 사람들은 서로 웃었고, 그 옥사는 마침내 그치게 되었다.

(문성대, 2010, p. 127)

①과 ②는 임진왜란 당시의 피난길과 관련되어 있다. ①에서는 밤사이 불어난 강을 힘겹게 건너고 있는 사람들의 모습을 그려 내고 있다. 이항복 역시 그중 하나였다. 그러나 그는 이 모습을 마냥 비참하고 절망적인 것이라 표현하지 않았다. "늙은 나무들이 보기에는 우리가 웃음거리일 테다."라며, 오히려 희화하여 표현하고 있다. 자신이 겪고 있는 상황을 해학과 유머로 풀어낸 것이다.

②는 이항복의 대범함이 잘 드러난 일화이다. 극도의 불안과 피곤함이 뒤섞인 상황이었지만, 모두가 웃을 수 있는 농담을 던짐으로써 분위기를 반전시켰다. 이항복의 유머는 사람들의 불안을 조금이나마 덜 수 있도록 도왔으리라 여겨진다.

③은 계축옥사 관련 일화로서 당시의 살벌함이 느껴진다. 직접 나서서 변호하는 것이 오히려 역효과를 가져오리라 짐작했던 그는 농담을 통하여 살얼음판 같던 분위기를 바꾸어 버렸다. 해학이 가져다주는 힘을 느끼게 해 준다. 그는 이원복 외에도 여러 명의 무고한 사람들을 위해 애쓴 것으로 전해진다. 『청구야담』에서는 계축옥사와 관련한 그의 활약에 대하여 "그를 위대하게 여기지 않는 사람이 없었다. 기상은 넓고 컸으며 해학을 섞었으니, 그의 말에 힘입어 그릇된 옥사를 바로 잡는 것이 무척 많았다."(문성대, 2010, p. 128)라고 기록하고 있다.

4) 자기연민의 승화

이항복의 자기연민은 자기가 겪고 있는 부정적 상황을 대상화하여 한바탕 웃고 넘어갈 수 있는 일로 받아들인다는 점에서 주목할 만하다. 중요한 것은, 이항복의 자기연민이 스스로 불쌍히 여기고 동정하는 데에서 멈추지 않는다는 것이다. 그의 자기연민은 '인식 전환'이라는 과정을 통해 부정적인 감정을 여유와 희망으로 전환했음에 의미가 있다. 살아가면서 필연적으로 겪게 되는 고통을 어떻게 다루어야 하는지 사례를 제시한 셈이다.

① 과거 간 이 아니 오고 석양은 뉘엿뉘엿
온 집안 동복들은 낯빛이 시름겹네.
해마다 과거장의 찬으로 다 써버려
새벽녘 창가에서 닭소리 못 들으리.

(이승수, 2011, p. 43)

② 운명이로다, 이 사람에게 이런 병이 걸리다니.
온전히 돌아가야 부끄럼도 슬픔도 없으리.

자여는 일찍이 나의 심사를 알았었는데
조물주는 장차 나를 어떻게 하려는고?
운명을 믿어 평생토록 시름할 줄 몰랐으나
이 몸은 이 세상에 하나의 빈 배로다.
육십 년 동안에 있었던 일을 생각해 보니
말을 하자면 응당 실소를 하고 말리라.

(임정기, 1998a)

①은 이항복이 과거에 낙방한 후 쓴 시이다. 이항복의 경우 1575년 진사 초시에 합격했으나, 이후 회시에서 바로 떨어지고 이후로도 수차례 낙방이 계속되었다. 이항복의 낙방에 대하여 따로 민담까지 생겨났을 정도이니[2] 그가 과거 시험을 통과하기까지 꽤나 고생했음을 알 수 있다.

하지만 시에서 느껴지는 정서는 고통이 아닌 여유로움이다. 시의 내용을 살펴보면 과거에 낙방한 이가 돌

---

2) 오성이 어느 품행 나쁜 처녀를 망신 준 일이 있었는데, 수치심을 이기지 못한 처녀가 자살했다. 그녀의 원귀가 오성에게 따라붙어 오성은 계속 낙방했다(이한, 2010, p. 79).

아오지 않아 집안사람들이 걱정하고 있음을 알 수 있다. 하지만 이항복은 과거 때마다 닭을 잡아 반찬으로 싸 갔는데, 더 이상 닭이 남지 않아 다음 날부터는 닭소리를 들을 수 없겠다며 너스레를 떨고 있다. 아무리 이항복이라 한들 연이은 낙방에 마음이 편했을까? 하지만 마냥 풀 죽어 있는 것이 방도가 아님을 그는 알고 있었던 것이다. 지나친 걱정은 다른 걱정을 불러일으키고 재도약의 시기를 늦춰 버린다. 그는 자신의 상황을 해학으로 승화시켜 버렸다. 이것은 그가 다음 기회를 준비할 수 있도록 마음을 다잡는 데 도움을 주었으리라 생각된다.

②의 시는 이항복이 중풍을 얻은 후에 쓴 시이다. 시의 첫머리에 "8월 9일, 장난삼아 세 절구를 쓴다."라는 글귀가 기록되어 있는데, 중풍이라는 큰 고난을 다루는 이항복의 태도가 예사롭지 않다. 물론 처음에는 "이런 병이 걸리다니." "평생토록 시름할 줄을 몰랐었다."라며 착잡함을 이야기한다. 하지만 "조물주는 날 어떻게 하려는 것일까?" "육십 년 동안의 일을 되짚어 떠올려 보니

웃음이 나온다."라며 빠른 인식 전환을 보이고 있다. 괴로움과 절망이 아닌 여유와 수용의 태도를 볼 수 있다.

5) 수용과 성찰

해학과 풍자의 달인 이항복이지만 모든 순간을 희화화했던 것은 아니다. 특히 왜구의 침략으로 인하여 나라의 운명이 풍전등화와 같던 상황에서는 부정적 감정을 느끼지 않을 수가 없었을 것이다. 이항복은 슬픔을 있는 그대로 수용하며 그 심정을 읊기도 하였다.

① 눈 덮인 집에 바람은 창호를 울리고
달아맨 발에 달그림자가 슬프구나.
위태로운 시대에 숨을 곳을 걱정하는지
이웃집 여자의 노래가 심회를 자아낸다.

(이종건, 2013, p. 65)

② …… 질녀여, 질녀여. 난리를 만나 위급해진 질녀여.
바로 헤어지는 문에서 눈물이 흐르네.
그리워도 살아서 만나자 약속하여

남편은 승진을 하고, 딸도 어엿이 자라나 했더니만

네 남편은 도둑을 만나 길에서 죽고

딸은 피지도 못하고 죽었으니 이 슬픔 어이하리.

아아, 다섯 번째 노래를 부르니 황천길이 멀구나.

넋이여, 내 생각해서라도 선계로 가거라.

(이종건, 2013, p. 104)

①은 임진왜란 중에 쓴 시로서, 전쟁으로 인한 위태로움이 잘 전해진다. 비참한 시대에 숨을 곳을 걱정해야 하는 이웃의 노래에서 슬픔과 불안의 정서가 선명하게 느껴진다. ②는 임진왜란 중 질녀에게 일어난 비극을 이야기한 부분이다. 큰 슬픔과 절망이 가감 없이 나타나 있다. 부정적인 감정은 꾹꾹 눌러 담는다고 사라지는 것이 아니다. 오히려 진솔하게 드러내고 표현하는 과정에서 회복되는 부분들이 있다.

어린 시절 부모를 잃고, 전쟁을 겪고, 전쟁 중에 가족을 잃고, 붕당 싸움으로 인해 유배를 떠나야만 했던 이항복의 삶에는 깊은 비애가 존재한다. 하지만 그는 절망적인 상황과 내면의 상실감까지도 대상화하여 살폈다. 이항복은 부정적 감정을 진솔하게 받아들이되, 성찰의 과정을 거쳐 담담하게 소화해 넘으로써 현실의 비극으로부터 회복될 수 있었던 것이다. 이승수(2011)는 그의 연구에서, "절망과 상처로 얼룩진 삶에 대한 통찰이야말로 이항복이 가진 긍정의 힘의 뿌리"라고 이야기한 바 있다.

6) 자애

자애(humanity)란 다른 사람을 보듬고 이해하며, 따뜻하고 친밀한 관계를 형성하도록 돕는 태도이다. 권석만(2008)은 자애를 "인간의 이기적임과 공격성을 극복하고, 따뜻하고 조화로운 세상을 만들기 위해 필수적인 정서"라고 이야기하며, "자애 정신을 지닌 사람은 친사회적이며 대인 관계에 우호적인 성향을 나타내므로 삶의 만족도가 높고 긍정적인 성품을 지녔을 가능성을 동반한다."라고 하였다. 그렇다면 이항복의 삶에서 나타난 자애의 모습은 어떤 것들이 있을까?

① 13세 때는 기개가 호협하고 옳은 것을 좋아하여 신과 옷을 벗어서 동료 중 가난한 사람들에게 준 것이 여러 번이었다.

(이종건, 2013, p. 13)

② 재상 시절 퇴근길에 한 여인이 말 앞을 지나다가 벽제꾼이 미는 바람에 땅에 넘어졌다. 이항복은 집에 돌아와 노복을 야단치며 말했다. "내가 재상의 지위에 있으니 물건 하나라도 자기 자리를 얻지 못하는 것은 나의 수치이다. 길 가던 사람을 땅에 넘어뜨린 것은 너무도 옳지 않은 일이니, 너희들은 삼가여 다시는 그러지 말도록 해라." 그날 저녁 한 여인이 집 앞 언덕에서 발악하며 이항복을 비난했다. 이항복은 끝내 그를 쫓아내지 못하게 하며 말했다. "우리 집 노복이 먼저 실수했으니 저 여인이 욕하는 것은 마땅하다. 마음껏 욕하는 것을 들어주어 그 분을 풀고 가게 함이 옳다."

(이승수, 2011, p. 41)

①의 일화는 이항복의 어린 시절 일화이다. 이항복의 어린 시절은 앞서 살펴본 바와 같이 불우하였으나, 자기보다 더 어려운 이를 위하여 신과 옷을 벗어 나누어

주었다는 기록이 남아 있다. 어린 시절부터 자애와 호방함의 인품을 갖추었다고 볼 수 있겠다.

②는 이항복의 자애로움 뿐 아니라 재상으로서의 책임감을 함께 보여 주는 일화이다. 조선 시대는 철저한 신분제 사회로, 한 평민 여인이 재상을 공개적으로 비난하고 망신 주는 것은 매우 무엄한 일이었을 것이다. 자칫 재상의 명예를 훼손했다면서 화를 입을 수도 있는 일이었다. 그러나 이항복은 자신의 권위를 내세워 여인을 벌하지 않았다. 오히려 그 분노마저도 품에 안으며 여인을 위로하고자 했다. 이처럼 이항복의 삶에는 약자에 대한 이타성과 사랑이 담겨 있었음을 알 수 있다.

7) 개방성

개방성(open-mindedness)이란 열린 마음을 뜻한다. 우리는 살아가면서 자신의 가치관이나 삶의 방식, 신념, 계획, 목표 등에 반(反)하는 상황을 무수히 만나게 된다. 그 상황을 적극적으로 탐색하거나 적절할 경우에는 기꺼이 수용하는 자세, 이것을 개방성이라고 할 수 있다.

이항복은 타고난 성향 자체가 개방적이었던 것으로 보인다. 그의 성향에 대해 신흠은 다음과 같이 말하였다.

① 노자와 장자의 오묘한 도를 배우고 불교의 깨달음을 익히니 그 본래의 뜻을 해석하지 못함이 없으며, 천문과 풍수, 그림과 의술의 기예까지 환히 깨달았으나 끝까지 하지는 않았다.

(서한석, 2006, p. 41)

② 우리나라의 풍속은 중국과 달라서 백성이 태어나면 귀천에 정해진 분수가 있습니다. 천한 자는 아무리 총명하고 뛰어나도 선비가 될 수 없고, 귀한 자는 둔하고 어리석어도 농사나 기술(工)을 하지 않으려 하는데, 그 유래가 오래되었습니다. 스스로 벌어먹지도 논에서 농사를 짓지도 않으니, 한 해가 다 가도록 놀기만 할 뿐입니다.

(서한석, 2006, p. 213)

①은 이항복의 학문적 개방성을 알 수 있는 기술이다. 조선은 건국 초기부터 숭유 정책을 통하여 유교 사

상 외의 것을 배척하였고, 특히 성리학 등장 이후에는 성리학을 중심으로 한 학문에만 가치를 두는 엄격한 분위기를 가지고 있었다. 이항복 역시 성리학의 가치를 중시했지만, 그의 학문적 개방성은 그의 학문 세계를 널리 확장해 주었다. 서한석(2006)에 의하면, 이항복은 고서, 불교, 천문, 풍수, 의술 등 다양한 분야에 관심을 보였으며, 특히 그림의 경우에는 직접 화가를 찾아가 배우고자 했다는 기록까지 있다.

②는 최유해에게 보낸 편지에 적힌 내용이다. 이항복과 최유해는 '양반이 일을 해야 하는가?' 하는 문제로 토론을 한 바 있었는데, 최유해는 당시 관례대로 양반의 특권을 옹호하는 입장에 섰다. 이에 이항복은 비판적 견해를 드러내며, 최유해를 설득하기 위해 이 편지를 쓴 것으로 보인다(서한석, 2006).

이항복은 뛰어난 인물이라도 신분이 낮으면 출세할 수 없고, 무능한 이라도 양반 신분이라면 놀고먹을 수 있던 당시 상황에 문제의식을 느끼고 있었다. 사천 혁파에 대한 논의가 있었을 당시에는 "먼저 국가의 풍속을 고쳐서 사대부의 자녀들로 하여금 모두 직접 짐을 지고 밥을 짓게 해야 한다."(서한석, 2006, p. 214)라는 글을 올리기도 하였다. 양반이 직접 일을 해야 한다는 제안은 당시에는 파격적이고 논란을 불러일으켰을 주장이라 여겨진다. 이와 같은 태도는 그의 개방적인 성품을 잘 보여 주는 예라고 할 수 있겠다.

개방성을 지니지 못한 삶은 융통성이 떨어지고 시대의 변화를 받아들이지 못하므로 갈등을 불러일으킬 가능성이 높다. 개방성은 자기 생각 외의 것을 탐구하게 하고, 익숙해져 있던 관습에 물음을 제시함으로써 우리의 삶이 더 나은 방향으로 나아갈 수 있게 돕는다. 편견, 편협성, 고정관념과 같은 사고를 수용으로 대체시킴으로써 개인의 세계를 확장해 줄 것이다.

2. 의미 있는 인간관계

우리는 살아가며 수많은 인연을 만나지만, 모든 사람

이 우리의 행복에 동일한 영향을 미치는 것은 아니다. 우리의 삶, 특히 행복한 삶에 중요한 영향을 미치는 '의미 있는 타인들(significant others)'이 존재하는 것이다(권석만, 2008, p. 360). 이항복 역시 마찬가지였다. 그가 긍정적인 삶을 유지하며 살아갈 수 있도록 도왔던 의미 있는 타인들이 존재했다. 여기서는 이항복과 그들의 관계에 대하여 살펴보도록 하겠다.

1) 권율과의 관계

이항복의 장인인 권율은 행주대첩으로 잘 알려진 인물이다. 권율과 이항복의 첫 만남에 대해 다음과 같은 민담이 전해져 내려오고 있다.

어린 오성의 집에는 오래된 감나무가 있었는데, 커다란 가지가 담을 넘어 옆집 사는 대감마님의 집안으로 휘어져 있었다. 가을이 되어 노란 감들이 열리면 옆집 노비들이 담을 넘어온 가지의 감은 자기 것이라며 함부로 따 먹는 횡포를 부렸다. 하지만 옆집이 권세 있는 집이다 보니 어른들은 한마디 불평도 하지 못했다.

그러던 어느 늦은 밤, 어린 오성은 옆집 담을 뛰어넘어 대감마님이 있는 사랑방으로 찾아왔다. 그리고 창호지 문을 뚫고 주먹을 쑥 집어넣었다.

"이 손이 누구의 손입니까?"

그다음 들린 앳된 아이의 목소리에 대감님은 매우 놀랐다.

"그 손이 네 손이지 내 손이냐?"

"아닙니다. 이 손은 대감마님의 방에 들어가 있으니 대감마님의 손입니다."

그제야 감나무 가지의 사정을 알게 된 대감마님은 사과했다.

(이한, 2010, pp. 41-42)

이야기에 나오는 옆집 대감이 권율이다. 권율은 아이였던 이항복을 눈여겨보고 있다가 사위로 들인 것이라 한다. 민담에서 전해지는 이야기인 만큼 실제로 있던 사건인지는 알 수 없다. 그러나 이야기의 주인공으로 선택된 것이 하필 권율과 이항복이었고, 그것이 일반 백성에게까지 널리 화자된 것은 왜였을까? 두 사람의 관계는 당시 사람들이 보기에도 인상적이었던 것으로 해석할 수 있다.

실제로 이항복과 권율의 관계는 애틋했다. 앞서 언급했듯 이항복의 어린 시절은 불행했다. 어린 나이에 아버지를 여읜 후 집안의 가세가 급격히 기울었으며, 본인은 학업에 뜻을 두지 못하고 오랜 시간 방황해야만 했다. 그가 삶의 전환을 이루었던 계기 중 하나가 장인 권율과의 만남이라고 할 수 있다. 권율에게도 이항복의 존재는 각별했다. 권율은 슬하에 아들 없이 오직 딸 하나만을 두고 있었는데, 이 사람이 이항복의 아내인 권씨 부인이다. 권율이 이항복에게 아버지가 되어 주었다면, 이항복은 권율에게 아들이 되어 주었다. 필요로 했던 자리를 서로가 채워 준 것이다.

이항복은 결혼 후 처가살이를 했다. 한 가족이 된 이항복과 권율은 여러 가지 재미있는 일화를 만들어 냈다.

① 권율이 여종 하나를 총애했는데, 이 사실을 알게 된 부인은 화를 냈고, 권율이 잠깐 창고에 들어간 틈을 타서 문을 잠갔다. 좁디좁은 창고 안에 얼마나 오래 갇혀 있었을까. 배

도 고프고 목도 마르고 화장실도 가고 싶었으나, 안방마님
의 후환이 무서운 하인들은 싹 자취를 감췄다.

장인어른이 곤경에 처했다는 소식을 들은 사위 오성은 득
달같이 창고로 달려갔다. 물론 구해 주려고 간 것은 아니었
다. 오성은 아무것도 모르는 척, 창고 주변을 느릿느릿 돌아
다니다가 시를 읊으면서 곤경에 빠진 장인어른을 즐겁게 관
람했다. 권율은 처음 사위가 왔을 때에는 문을 열어 주리라
기대했겠지만, 사위는 도와줄 기색 없이 창고 주변을 알짱
거리기만 할 뿐이었다.

기다리다 못한 권율은 손짓으로 사위를 불렀다. "무슨 일
이신지요?" 하며 모른 척하는 오성에게, 권율은 한숨을 푹
쉬며 말했다.

"이 사람아. 이미 갇혔는데 제갈량이라도 어떻게 할 수 있
겠나?"

여기에 오성이 받아치길,

"장인어른, 제갈량이라면 애초에 창고에 들어가지 않았을
겁니다."

(이한, 2010, pp. 61-62)

② 한때 오성은 처가의 여자 종과 정을 통했다. 장인에게
글공부를 핑계로 한적한 곳의 별당을 내달라고 부탁했는데,

권율은 오성의 속셈을 알고 있었으면서도 흔쾌히 자리를 내주었다.

　어느 날, 권율은 사위 자랑을 한답시고 친구들과 함께 오성의 방을 급습했다. 물론 목적은 공부 독려가 아니라 오성을 망신 주는 데에 있었다. 오성은 당황하여 여종을 이불로 싸고 숨겨 두었는데, 권율이 "방이 좁으니 이불을 치워야겠네."라며 이불을 번쩍 들어 올렸다. 그러자 이불 안에 있던 여종이 뚝 떨어지고야 말았다. 오성이 허탈하게 웃으며 "벌거벗은 여종 하나 숨기기가 어렵도다."라고 너스레를 떨자, 방 안의 모두가 웃음을 터뜨렸다.

(이한, 2010, pp. 46-47)

　이 일화들 역시 정사가 아니므로 액면 그대로 믿기는 힘들다. 하지만 이항복과 권율 사이에 유난히 이런 이야기가 많이 전래되는 것은 사실이다. 앞서 언급했듯, 두 사람의 관계가 특별했기 때문일 것이다.

　이항복과 권율의 일화에서 눈에 띄는 것은 서로에 대한 태도이다. 사위가 장인어른을 상대로 장난을 치고, 장인어른이 사위를 놀려 먹기 위해 주변 사람들까지 동

원한다. 서로의 장난에 넘어가 곤경에 처할 때도 있지만, 결과적으로 한바탕 웃음을 터뜨리며 마무리한다. 물론 이것은 두 사람의 기본 성향이 비슷했기 때문이었을 테다. 어쨌든 사람과 사람이 어려운 관계로 만나서 이렇게까지 허물없이 지내며 장난을 주고받을 수 있다는 점이 놀라울 따름이다.

하지만 이 두 사람의 관계를 '함께 장난치는 사이'로만 한정지으면 곤란하다. 앞서 말했듯, 두 사람은 서로 필요로 했던 빈자리를 채워 준 존재였다. 권율은 유년기 때부터 이어졌던 이항복의 오랜 방황을 인내하고 받아들여 준 사람이었다. 사위로서 탐탁지 못한 행동을 보였을 때도 버럭 화를 내며 내쫓거나 하지 않았다. 장난을 통해 스스로 잘못을 깨닫게 하는 한편, 끝까지 사위를 믿고 애정을 보여 줌으로써 마침내 그 방황을 그치게 하였다. 이항복이 중심을 잡고 학업에 집중하여 출세하기까지, 권율이 그의 정신적인 지주가 되어 주었으리라는 것은 쉽게 짐작할 수 있다.

함께 장난치고 웃을 수 있으며, 동시에 방황마저 포

용해 주는 존재가 한 집 안에 있다는 것은 대단한 자산이다. 이는 이항복의 긍정성에 깊은 영향을 미쳤을 것이다.

2) 후손과의 관계

한 집안의 가장이자 아버지로서의 이항복은 과연 어떤 인물이었을까? 권 씨 부인에게서 둘째 아들을 얻었을 때 지은 시에는 아버지로서의 이항복이 잘 드러나 있다.

> 부자 집에는 딸이 생겨서 온갖 근심이 모이지만
> 가난한 집에는 아들이 생겨서 만사가 흡족하다.
> 날마다 많은 돈 들여 사위 비위 맞추기는 어렵지만
> 한 권의 경전이면 아들은 가르쳐 읽힐 수 있으니.
> 나는 지금 다행히 아들만 있고 딸이 없구나.
> 큰 놈은 글을 읽고 작은 놈도 외울 줄은 안다.
> 어느 집에서 기른 딸로 며느리를 삼을꼬?
> 나는 아들을 멋진 풍류객으로 만들고 싶구나.
> 집 지키는 것이나 술 취할 때 부축해 주는 것이나 모두 근

심 없구나.

미래에는 고향에 은거하여 마음껏 즐기리라.

(이종건, 2013, p. 55.)

　이제 갓 태어난 아들을 두고 어느 집 며느리를 들여야 할지 고민하는 부분에서 이항복 특유의 능청스러움을 발견할 수 있다. 자식의 탄생으로 인한 기쁨, 자식에 대한 애정이 잘 느껴지는 시이다.

　이 시에서 눈에 띄는 부분은 "나는 아들을 멋진 풍류객(慢客)으로 만들고 싶다."라는 부분이다. 풍류객이 어떤 사람인가? 멋과 예술을 즐기고, 삶을 여유롭게 관조할 줄 아는 인물을 풍류객이라고 부른다. 자식에 대한 기대가 지나쳐 독이 되는 경우는 동서고금을 막론하고 자주 볼 수 있다. 이항복은 아들에게 "과거 급제를 해라." "출세하여 집안의 명성을 드높여라." 등의 주문을 내리지 않았다. 그저 멋스럽고 행복한 인생을 살길 바란다는 축복을 내렸을 뿐이다. 그가 자식에게 지녔던 애정이 잘 드러나는 부분이다.

이항복의 아버지로서의 모습은 임진왜란을 배경으로 한 노래와 시에도 드러난다.

① 가련하다, 오늘 밤에 잠 못 이루고 앉았노라.
나와 두 아들이 모두 장년이 되었구나.
소자는 힘써 일신해야 하겠지만
늙은 나는 세 잠 잔 누에가 되었다.
풍진 속에 분주할 일은 아직도 많건마는
우연하게나마 온 가족 단란한 자리를 가졌구나.
이웃 닭에게 전하노니 새벽을 재촉하지 말라.
구분의 봄눈이 머리 가에 이르렀다오.

(임정기, 1998a)

② 어린 딸이 역질을 만나 강화에서 죽었구나.
딸이 죽었다는 소식을 듣자하니,
간신히 기운 차려 눈뜨며 하는 소리가
아비를 부르며 만나 보기를 원한다고
세 번이나 그렇게 하고서 갔다는 구나.
아, 사람의 아비가 되어

어찌 차마 이 소식을 들을 수 있으랴!

(이종건, 2013, p. 209)

①은 임진왜란 중에 쓴 시이다. 난리가 난 후 이항복은 가족과 떨어져 임금을 보필해야만 했다. 수년 동안이나 가족을 보지 못한 채 말을 타고 다녀야 했는데, 어느 날 밤에야 비로소 집 안에 있을 수 있었다. 가족과 함께할 수 있는 순간이 얼마나 기뻤을까. 이항복은 이웃 닭에게 새벽을 재촉 말라 부탁하며 가족과의 시간을 소중하게 여겼고, 밤새워 쓴 이 글을 아들에게 건넸다. 가족에 대한 사랑과 신뢰를 볼 수 있다.

②는 임진왜란이 끝난 후, 먼 훗날 딸의 죽음을 회고하며 부른 노래이다. 딸의 죽음에 대한 애절함과 비통함이 그대로 느껴진다. 여기에는 "딸이 죽으면서도 아버지를 세 번이나 부르며 찾았다."라는 내용이 있다. 평소 이항복과 딸의 관계가 돈독하고 깊은 사랑으로 이어져 있었음을 추측하게 해 주는 부분이다. 이항복은 분명 딸에게 다정한 아버지였을 것이고, 딸 역시 아버지

를 진심으로 존경하였으리라 생각된다.

이 외에도 이항복이 가족 내에서 어떤 의미를 지녔을지 짐작하게 해 주는 자료들이 있다. 박성희(2014)는 정충신의 『이항복북천일록』을 참고해 본 바, 이항복이 함경북도 북천에서 유배 생활을 하였을 때 정부인 권 씨를 제외한 거의 모든 가족이 이항복을 따라간 것으로 보인다고 하였다. 이는 이항복 가족의 깊은 유대를 보여 준다.

그의 내리사랑은 아들, 딸뿐 아니라 손자에게까지 이어진다. 가령 맏손자 시중에게 직접 천자문을 써 주어 학습 자료로 삼게 하는 등 손자들의 공부 방법에 대해 자상한 길잡이 역할을 해 주었다.

이처럼 이항복은 집안 어른으로서 사랑을 베풀고, 행복한 삶의 방향을 적극적으로 제시하였던 것으로 보인다. 또한 가족의 끈끈한 유대를 이끌었으며, 교육에 책임을 다하는 등 아버지로서 의미 있는 삶을 실천하였다.

이런 배경 속에서 이항복 가문은 조선 시대를 대표하

는 명문가로 발전할 수 있었다. 그의 첫째 아들 성남과 둘째 아들 정남은 정3품, 셋째 아들 규남은 종6품, 넷째 아들 기남은 정2품의 벼슬에 올랐다. 손자들 역시 고위 관직에 올랐을 뿐 아니라 그 후손대에 이르러 4명의 영의정과 1명의 좌의정이 배출된다(박성희, 2014, p. 195). 가난한 양반 출신으로 불행한 어린 시절을 보냈었지만, 그의 대에 이르러 가문이 부흥하게 된 것이다. 가장으로서의 이항복이 가족과 긍정적인 관계를 맺으며 이끌었던 것이 후대에 영향을 끼쳤으리라 쉽게 짐작할 수 있는 부분이다.

3) 한음 이덕형과의 관계

이덕형은 우리에게 잘 알려진 '오성과 한음' 이야기 속 한음이다. '오성과 한음' 일화는 그들이 어린 시절부터 절친한 친구였다고 말하고 있으나 이것은 틀린 것이다. 그들의 첫 만남은 과거 시험장에서였고, 당시 이항복은 스물셋, 이덕형은 열여덟이었으니 동갑조차 아니었다. 그럼에도 우리가 알고 있는 '오성과 한음' 이야기

는 민간으로 퍼져 나갔고, 심지어 조정에서조차 오해가
발생할 정도였다. 이에 대하여 이덕형의 후손인 이병교
와 고종 간의 대화가 『승정원일기』에 남아 있다.

  상(고종)이 이르기를, "한음과 오성은 어렸을 때부터 매
  우 친밀하게 사귀었다고 하는데, 과연 그러하였는가? 장난
  을 친 일이 아직까지 전설로 내려오고 있으니 이는 매우 소
  중히 여길 일이다. 나이는 누가 많고 누가 적은지 모르겠
  다."하니, 이병교가 아뢰기를, "신의 선조와 오성은 과장(科
  場)에서 서로 사귀게 되었는데, 한 번 보고 매우 친밀해졌습
  니다. 이는 사적(事跡)에 실려 있는 바입니다. 어렸을 때부
  터 서로 사귀었다고 하는 것은 민간에서 속되게 전하는 바
  입니다. 나이는 오성이 신의 선조보다 5세 많습니다."라고
  하였다.

  (김경희, 1996)

이후에도 고종은 이항복과 이덕형의 관계에 대해 많
은 관심을 보이며 그들의 과거 급제 시기, 관직 생활, 수
명, 유배 사유 등을 자세하게 물어보았다. 이처럼 이항

복과 이덕형의 관계는 매우 각별하고 인상적이었던 것으로 보인다. 당대 사람들이 추구하고자 했던 참된 만남이 그들의 관계 속에 모범적으로 녹아 있었으리라 생각된다.

실제로 두 사람은 첫 만남에서부터 서로에게 호감을 느낀 것으로 보인다. 관직 생활에서 먼저 앞서나간 것은 이덕형이었다. 이덕형이 착실하게 생원, 진사 시험에 연달아 합격하며 성공적인 출세 가도를 달릴 때, 이항복은 계속되는 낙방으로 제자리걸음을 하고 있었다. 과정은 달랐지만 1580년, 두 사람은 나란히 대과에 급제한다. 두 사람의 인연은 이것으로 끝이 아니어서, 함께 승문원 권지부정자라는 직책을 맡아 일하게 된다. 또한 우수한 인재에게 『통감』을 공부할 수 있는 기회가 주어졌을 때도 두 사람이 나란히 추천을 받았고, 나중에 홍문관에서 사람 뽑을 일이 생겼을 때도 함께 뽑혔다. 이렇듯 두 사람은 운명의 짝꿍처럼 함께하였다.

한 가지 재미있는 것은 두 사람의 기본 성향이 반대였다는 것이다. 이항복은 앞서 수많은 예화에서 짐작할 수 있듯 장난을 좋아하고 사교적인 인물이었다. 반면 한음은 예민하고 완고한 편으로, 화가 나는 일이 있으면 반드시 짚고 넘어가야 했으며, 자기 자신에게도 무척 엄격했다. 그러나 이렇게 깐깐했던 한음도 이항복과 엮이면 유쾌한 일화의 주인공이 되어 버렸다.

어느 해, 한음의 부인인 이 씨가 심한 볼거리를 앓았다. 여간한 약을 써도 낫질 않아 끙끙 앓고 있던 찰나, 이 소식을 들은 오성이 한음의 집으로 문병을 왔는데 하필 한음이 숙직을 하느라 집을 비운 상태였다. 오성이 말하길, "볼거리 치료에는 오래된 짚신이 그만이랍니다. 그걸 잘 삶아다가 볼에 비벼대면 금방 낫는다는군요."이라 하였다. 오성이 병문안을 끝내고 돌아간 뒤, 이씨 부인은 혹시나 하는 마음에 정말로 낡을 짚신을 삶아 볼에 열심히 비벼댔다. 퇴근한 한음은 집 안에 진동하는 썩은 내와 아내의 행동에 깜짝 놀라 자초지종을 물었고, 곧 모든 상황을 알게 되었다.

공교롭게도 머지않아 이항복의 부인인 권 씨가 병에 걸렸다. 감기의 여파로 코끝이 새빨갛게 부어오른 것이다. 그 소식을 들은 한음이 가만히 넘어갈 리 없었다. 오성이 숙직인 날을 노려, 이번에는 한음이 오성의 집에 병문안을 왔다.

"코가 빨개진 것을 치료하는 데에 좋은 방법이 있다고 합니다. 종이를 바른 문에 구멍을 뚫어 코만 내놓고, 바깥에서 찬물을 계속 끼얹는 것이지요." 이야기를 들은 권 씨 부인은 냉큼 그의 말을 따랐다. 숙직을 끝낸 오성이 집에 돌아왔을 때는 집 마루가 물바다가 되어 있었고, 부인의 코는 이전보다도 훨씬 부풀어 올랐다. 어찌 된 영문인지를 알게 된 오성은 자기가 보기 좋게 당했음을 알았다.

(이한, 2010, pp. 66-68)

이 일화는 이항복과 이덕형의 부인들이 함께 얽혀 있다. 장난의 주도자는 역시 이항복이었고, 이덕형은 아내의 복수를 돕는 역할을 하고 있다. 짐작건대, 이항복과 이덕형은 그들의 부인들과도 깊은 친분을 쌓았던 듯하다. 그렇지 않고서야 '남녀칠세부동석'이라는 조선 시대에, 남편 없는 집 안을 병문안이랍시고 들락날락하기가 쉽지 않았을 테다. 상대의 장난을 깨달았을 때 바로 복수의 칼날을 세워 실행에 옮겼다는 것은 웬만큼 친한 관계가 아니고서야 상상하기 어렵다. 유머와 재치가 빛나는 이런 일화들은 이항복과 이덕형 간의 믿음과 친분이 매우 깊었음을 보여 준다.

그들의 상황이 늘 유쾌한 것은 아니었다. 조선 중기는 임진왜란과 당쟁으로 얼룩진 시기였고, 두 사람 또한 풍파에 휘말려 힘든 시기를 보내야 했었다. 임진왜란 중 왜군에게 쫓겨 피란을 가는 길, 둘은 명나라에 구원 요청을 하자는 의견을 내놓았다. 의견은 받아들여져서 둘 중 하나가 명으로 떠나야만 했다.『선조왕조실록』에 다음과 같은 기록이 남아 있다.

상이 숙천(肅川)에 머물면서 이덕형을 청원사(請援使)로 삼아 요동에 가서 급박함을 알리도록 하였다. 당시 이항복과 이덕형이 야대(夜對)하여 상에서 영변에 진주하기를 청하고, 그들이 직접 요동에 가서 구원병을 청하겠다고 하면서 서로들 다투며 가기를 자청하였다. 이에 부제학 심충겸이 "항복은 현재 병조 직책을 맡고 있으니 파견할 수 없다."라고 하자, 마침내 덕형을 파견하게 되었다. 장차 떠나려 할 즈음 항복이 남문에서 배웅하였는데 덕형이 말하기를,

"날랜 말이 없어 주야로 빨리 가지 못하는 것이 한스럽다."

하니, 항복이 즉시 탔던 말을 풀어 주면서 고삐를 건네고 말하기를,

"(명으로부터) 군사가 오지 못하면 그대는 나를 지하에서 찾아야 할 것이니 서로 만나지 못할 것이다."

하자, 덕형이 말하기를,

"군사를 부를 수 없다면 나는 의당 뼈를 노룡령에 묻고 다시 압록강을 건너지 않겠다."

하자, 두 사람이 눈물을 뿌리고 작별하였다.

(조명근, 1989)

목숨을 걸고 중국으로 떠나는 친구에게 자신의 말고 삐를 내어준 이항복의 행동에서 배려와 안타까움이 느껴진다. 이처럼 위급한 상황에서도 그들의 우정은 빛났는데, 한 번은 이항복이 이덕형의 목숨을 구해 준 적도 있었다. 이덕형이 역적으로 몰리는 것을 막은 것이다. 이 기록처럼 명으로 떠났던 이덕형은 자신의 임무를 성공적으로 수행하고 조선으로 돌아온다. 그런데 전혀 예상하지 못했던 난감한 일을 겪는다. 명의 장수 이여송이 이덕형에게 찬사를 퍼부었는데, 문제는 "왕

의 도량이 있다."라는 등 자칫 이덕형이 역모를 꾀하고
있다는 오해를 받을 만한 발언들까지도 내뱉은 것이다
(이한, 2010). 선조는 이미 역모 사건(기축옥사)을 겪은
바, 이 문제를 민감하게 받아들일 수 있었다. 이 상황
에서 이항복은 기지를 발휘하여 자신의 소중한 친구를
보호했다.

임백호라는 자는 기개가 호방하여 예법의 구속을 받지 않
았다. 그는 평소에 농담 삼아 "내가 중국의 오대(五代)나 육
조(六朝) 같은 시대에 태어났다면 천자(天子) 정도는 의당
되고도 남았을 것이다."라고 말하였다. 그래서 한세상의 웃
음거리가 되었다.
임진의 변란에 이르러, 한음 이 정승이 명나라 장수 이여
송을 반접하자, 그는 한음의 인물됨을 대단히 추앙하여 심
지어는 감히 말하지 못할 말까지 하는 것이어서, 일은 비록
진정이 아니더라도 한음 스스로 편하지 못하였다.
이항복은 농담을 잘하는데, 어느 날 밤에 벌어진 경연에
참석하였다. 시골 구석의 습속까지도 다 아뢰는 것을 즐겁
게 여겼으며, 마침내 임백호의 이야기까지 이르자 주상이
듣고서 웃음을 터뜨렸다. 이항복은 또 아뢰기를, "근세에 또

웃기는 사람이 있습니다." 하니, 주상이 "누구인가?" 하고
묻자, 대하기를 "이덕형이 왕의 물망에 올랐답니다." 하여,
상은 크게 폭소했다. 이항복이 이어 아뢰기를, "성상의 큰
덕량이 아니시라면 제 놈이 어찌 감히 천지 사이에 용납되
시오리까?" 하자, 상은 "내 어찌 가슴속에 두겠느냐?" 하고
한음을 불러오게 하여 술을 내리고 실컷 골려주며 파했다.
시경에 이르기를 "희학을 잘하도다."라고 하였는데, 이항복
이 그 재주를 지녔다 하겠다.

(신호열, 1978)

이항복은 "요즘 웃기는 사람이 있는데, 바로 이덕형
이 왕의 물망에 올랐다 한다."라고 말함으로써 자칫 역
모로 오해받을 수 있는 상황을 농담거리로 치부해 버렸
다. 이에 선조는 "그런 소리는 응당 멍청한 소리이겠거
니." 하며 그 일을 '별것 아닌 것'으로 받아들인다. 이항
복의 기지가 역모자로 오해받을 수 있던 이덕형의 목숨
을 살린 것이다.

이와 같이 이항복은 이덕형을 매우 아꼈는데, 이덕형
이 억울한 입장에 섰을 때는 다음과 같은 글을 올려 그

를 두둔하기도 하였다.

폐기되었던 신이 다시 기용된 것은 어찌 이덕형이 자리를 떠났기 때문이 아니겠습니까. …… 이덕형은 다만 이미 말을 한 신하일 뿐이고, 신은 미처 말을 하지 못한 이덕형인 것입니다. 그러므로 그 마음을 추구하자면 하나이면서 둘이요, 그 자취로 논하자면 둘이면서 하나인 것이니, 피차간에 입장을 바꾸어 같은 처지에 있게 되면 똑같은 행동을 했을 것입니다. 그러니 죄는 비록 드러나지 않았을지라도 어찌 차마 정을 숨길 수 있겠습니까?

(임정기, 1998c)

이덕형이 선조의 분노를 사서 쫓겨났을 때, 선조는 그 자리에 이항복을 앉히려 하였다. 그러나 이항복은 정승의 자리를 거절하며 이와 같은 입장을 밝힌 것이다. 정승 자리를 마다하는 것도 선조의 심기를 불편하게 할 수 있는 일인데, 한술 더 떠 이덕형과 자신이 같은 의견임을 전달한 것이다. 이항복의 강직함과 의리가 드러나는 부분이다.

지금까지 살펴본 바와 같이, 이항복과 이덕형은 과거 시험장에서 만난 첫 순간부터 마지막까지 절친한 친구로 남았다. 평화로울 때도 있었지만 목숨을 걸어야 할 만큼 위태로운 상황도 있었다. 하지만 어떤 상황에서건 서로에 대한 깊은 신뢰와 변함없는 지지를 보여 주었다. 두 사람 관계의 각별함은 곧 민간으로 퍼지게 되었고, 마침내 그들은 오늘날 우리가 알고 있는 '오성과 한음' 이야기의 주역이 되었다. 긍정적인 삶을 성취하는 데에는 유의미한 대인 관계가 매우 중요하다. 그들의 멋진 우정이 이항복의 긍정성에 영향을 주었으리라 짐작하는 것은 어렵지 않다.

3. 의미 있는 일의 실천과 가치 실현

Rogers에 따르면, 인생은 자기실현 과정이며, 행복은 그에 따라오는 부산물이다(권석만, 2008, p. 412). 또한 자기실현이라는 것은 '내가 어떤 일을 하고 있느냐?' 그리고 '내가 어떤 가치를 추구하고 있느냐?'와 밀접한 연관이 있다.

세상의 모든 일과 가치가 개인의 삶에 이로운 것은 아니다. 타인의 강요 때문에 억지로 하는 일, 왜 하는지도 모르면서 관습적으로 하는 일 등은 대부분 자기실현과 무관하다. 일을 통한 자기실현이라고 하는 것은 자기가 일에 의미를 부여했을 때, 그리고 공동체 및 사회 안에서 개인의 역할을 자각했을 때 발휘된다. 단, 개인이 일을 통하여 실현하고자 하는 가치는 보편적·사회적으로 바람직하다고 인정되는 것이어야 한다. 바람직하지 못한 가치 실현은 공동체의 발전을 저해하여 악영향을 미칠 수 있다.

한 나라의 재상으로서 이항복의 일은 나라를 지키는 것이었고, 이항복이 중시한 가치는 우국충정에 있었다. 이항복은 자기가 하는 일의 의미와 영향력을 똑바로 자각하고 있었다. 그는 책임감을 갖고 일에 몰입함으로써 자신의 능력을 발휘하였고, 이것이 그의 자기실현을 촉진하였다.

이항복이 임금과 나라를 위해 애썼던 흔적은 수없이 많으나, 특히 임진왜란 시기에 직접 쓴 글에서 그 정신이 잘 드러나 있다.

> 억지로 촌로들과 새해를 축하하고 있자니
> 남쪽 백성이 베개 베고 잠잘 만한 평화가 보고 싶구나.
> 어떻게든 몸을 부수어 바다를 메우기라도 하여
> 왜놈들 목을 잘라 임금께 충성할 생각뿐이네.
> ......
> 스스로 부끄럽기는 무기를 가지고 변방에 있는 것.
> 즐기어 은자가 되어 옛 일을 찾아
> 문 닫고 마지막까지 나의 본심을 지키리라.
>
> (이종건, 2013, pp. 62-63)

백성의 안위를 걱정함과 동시에, 나라를 지키고 영토를 수복하고자 했던 이항복의 모습이 그려진다. 또한 "평화가 찾아오면 은거하여 자신의 본분을 지키겠다." 라는 부분에서 청백리로서의 태도를 느낄 수 있는데, 이 역시 본인이 중시한 가치를 실현하고자 했던 것이라

볼 수 있다.

또한 이항복은 광해군 시기에 인목대비 폐위 문제에 대하여 다음과 같은 상소를 올린 바 있다.

아비가 설사 사랑하지 않더라도 자식은 효도하지 않을 수 없습니다. 『춘추』에서도 자식이 어미를 원수로 대한다는 뜻이 없습니다. …… 이제 마땅히 효도로 나라를 다스려야 온 나라가 앞으로 점차 감화될 수 있을 텐데 무엇 때문에 그런 말을 해서 전하에게 이르게 한단 말입니까?

(이한, 2010, p. 207)

이항복이 상소를 올린 것은 광해군 9년의 일로, 당시 조정은 폐모를 반대했다 하면 바로 귀양길에 올라야 할 정도로 살벌한 상황이었다. 이항복이 이 상소를 올린 이후 벌어질 일들을 몰랐을 리 없다. 그러나 이항복은 마지막까지 신하의 임무를 다했고, 광해군에게 선군으로서의 모습을 보일 것을 청원했다.

앞에서 인용한 이 두 가지 자료는 이항복이 자신의 삶을 어떻게 이끌어 왔는지 잘 보여 주고 있다. 이항복은 자신이 속한 공동체 속에서 자기가 해야 할 일을 분명히 자각하여 행했다. 실제로 오늘날 이항복이 존경받는 것은 그가 농담의 왕으로 불렸기 때문만이 아니다. 험난한 상황 속에서도 임무를 내팽개치거나 은둔하지 않은 채, 자신의 본분을 충실히 수행하며 자아실현을 이루었기 때문이다. 자기 일에 의미를 부여하지 못하는 사람은 공동체 속에서 자기 존재를 보잘것없이 느끼고 무력감에 빠지기 쉽다. 이항복은 의미 있는 일의 실천과 가치 실현을 이룬 삶을 보여 줌으로써, 오늘날 우리가 긍정적으로 살아갈 수 있는 하나의 방법을 제시해 주었다.

4

이항복과 상담

1. 이항복 상담의 특징과 상담자 이항복

1) 긍정적 삶의 모델인 상담자

만날 때마다 즐겁고 유쾌한 기분을 느끼게 해 주는 사람이 있는가 하면, 만나는 것만으로도 스트레스를 주는 사람이 있다. 이렇게 사람은 누군가와의 만남을 통하여 긍정적인 감정을 느끼기도 하고, 부정적인 감정을 겪기도 한다. 이렇듯 '만남'은 사람의 삶에 중요한 영향을 끼친다. 따라서 긍정적인 삶을 살고 있는 인물과 어울리는 것은 자신의 삶을 바람직한 영향권 하에 둔다는 의미가 있다.

상담자로서의 이항복이 가진 가장 큰 강점이 바로 이 부분이다. 이항복의 삶은 끊임없는 에너지와 낙관으로 충만해 있다. 그의 인생은 어린 시절부터 고난의 연속이었다. 그럼에도 불구하고 그는 조선 역사상 가장 유쾌했던 인물로 손꼽힌다. 바로 그가 가진 긍정의 힘 때문이었다. 그의 긍정성은 유머, 해학, 풍자 등으로 잘 나타난다. 이것은 고독과 공포, 외부로부터의 위협에도 삶이 흔들리지 않게끔 도와주는 일종의 균형추였다. 이를테면 유머, 해학, 풍자 등을 통하여 비관주의를 약화

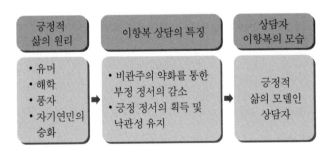

[그림 4-1] 긍정적 삶의 모델인 이항복

하고 부정 정서를 감소시켜 나감으로써 긍정 정서가 솟을 수 있는 발판을 마련해 간 것이다. 이항복은 비관적인 선택을 할 수도 있던 숱한 상황 속에서, 끊임없이 긍정 정서를 부활시키며 자신을 보호하였다. 이러한 측면에서 볼 때, 그의 삶 자체가 긍정적 삶의 모델로서 훌륭한 가치를 지니고 있다.

2) 수용과 공감의 상담자

상담 현장의 상담자는 청담자의 '전체'를 수용할 줄 알아야 하고, 또한 자기 '전체'를 청담자에게 개방할 수 있어야 한다. 상호 개방과 얼싸안음을 통해서 '상담자-청담자' 간의 막힘없는 상호성이 허용될 때, 비로소 온전한 상담 관계가 구축되고 인격의 변화가 일어날 수 있기 때문이다(박성희, 2007b, p. 185).

이항복은 자신을 개방시킴으로써 상대의 마음을 열었던 상담자였다. 자기 개방을 위해서는 자신을 에워싸고 있는 세계를 벗어나 편견과 맞설 수 있는 열린 사고가 필요하다. 또한 상대의 마음을 열기 위해서는 상대의 처지를 깊게 이해해야 하는데, 이때 자애와 공감능력이 이해의 바탕이 된다.

이항복의 경우 이덕형과의 관계에서 이 면모가 가장 잘 드러났다. 이덕형은 이항복과 달리 완벽주의를 지향하는 깐깐한 성품으로, 타인에게 약점을 드러내지 않았다고 한다. 그런 그가 유독 이항복에게만큼은 자신의 모든 속내를 털어놓았는데, 『한음문고』에 실려 있는 편지글에서 그 흔적을 찾을 수 있다.

① 일이란 참고 시일을 지내는 것이 편할 때가 있고 내 생각에도 평소에 마음먹은 바가 있기에 비록 좋은 충고가 있더라도 바로 마음을 돌릴 수 없으니 어찌할까요? 그러나 또 생각하신 바가 있으시면 가르쳐 주시기 바랍니다.

② 초당에 빗물이 새어 견디지 못하겠습니다. 이엉 감을 구하려고 하니 무고선을 보내 주시면 고맙겠습니다. 청심원이나 양소를 나누어 주시기 바랍니다. 얼마간 구한 납제는 나누어 주느라 이미 떨어져 감히 이렇듯 번거롭게 청합니다.

③ 형께서도 절 모르십니다. 저도 사람일 따름입니다.

④ 형께서 당시 사건 심사를 맡은 관리도 아니었는데 왜

쓰신 겁니까?

⑤ 밥 많이 드시라는 마지막 당부 잊지 마십시오. 늙어 가니 이별의 정이 소싯적과 달라집니다.

(이한, 2010, pp. 216-220)

①~⑤는 각기 다른 날에 쓴 편지이다. ①은 고민 상담, ②는 개인적인 부탁, ③은 투정, ④는 따져 물음, ⑤는 안부의 내용을 담고 있다. 다른 인물에게 보냈던 편지를 살펴보면 공적인 내용을 담고 있으며 깍듯한 예의를 갖추고 있음을 알 수 있다(이한, 2010). 반면 이항복에게 보낸 편지에서는 솔직한 감정이 적나라하게 드러나 있다. 이덕형의 성격상 타인에게 속마음을 내보이는 것은 무척 어려운 일이었을 것이다. 이항복이 이덕형의 모든

[그림 4-2] 수용과 공감의 상담자 이항복

것을 수용하고 공감하며 얼싸안아 주었기에 이 교류가 가능했으리라 판단할 수 있다.

3) 신뢰의 상담자

상담이 인간의 긍정적인 변화에 관여하는 작업임을 생각해 보면, 신뢰의 중요성은 아무리 강조해도 지나치지 않다. 상담자를 전적으로 신뢰할 수 있을 때 청담자는 자신에게 일어나는 변화를 받아들일 수 있을 것이다. 반면 서로에 대한 신뢰가 낮은 상담은 실패할 확률이 높다.

이항복은 타인과의 의미 있는 관계를 통해 신뢰 관계를 형성할 줄 아는 인물이었다. 당시는 붕당 정치로 인

[그림 4-3] 신뢰의 상담자 이항복

하여 앞에서 하는 말과 뒤에서 하는 말이 다르던 시대였다. 상대를 도구적으로 이용하고 버리는 일은 흔하게 일어났다. 그러나 이항복은 말과 행동에 일치성을 보이며 인망을 드높였을 뿐만 아니라, 진정성을 바탕으로 한 수준 높은 만남을 이끌어 내며 신뢰 관계를 구축하였다.

4) 자기 수양의 상담자

상담과정 내의 상호개방과 얼싸안음은 전인격적인 관계를 요구한다. 따라서 상담자의 인격과 인품은 어떤 방식으로든 상담 관계 속에서 노출된다. 저열한 성품의 상담자가 타인의 긍정성을 이끌어 내기란 어렵다. 따라서 좋은 상담자는 꾸준한 자기 수양을 필요로 하게 된다. 이를 위하여 자신의 인격과 인품을 드높이는 것이 과제로 남게 된다.

이항복은 자기 수양을 게을리하지 않았던 인물이다. 〈스스로 후회하다〉라는 시는 이항복이 자신의 평생을 반성하는 내용을 담고 있다. 다음은 시의 일부이다.

소년 시절 우스갯말은 너무도 정에 어긋났더라.

잘못 생각에 거의 반평생을 허송으로 보냈네.

늦게서야 서암의 한가한 늙은 스님이

깊은 밤에 처음으로 주인을 불러 깨우는구나

(임정기, 1998a)

"소년 시절의 우스갯소리가 정에 어긋났다." "잘못된 생각에 반평생을 허송으로 보냈다."라는 부분에서 자신의 과거를 성찰하는 이항복의 면모가 드러난다. 과거 성찰을 통해 잘못된 언행을 발견하였으니, 이제는 이것을 고쳐 나가야겠다는 내용으로 이어진다. "서암의 늙은 스님이 주인을 불러 깨운다."는 부분이 그것이다. 이 표현은 주희가 "서암의 스님이 매일 항상 스스로 자신에게 묻기를 '주인옹은 스스로 마음을 경계하여 깨닫고 있는가.'라고 묻고는, 스스로 답하기를 '마음을 경계하여 깨닫고 있다.'라고 하였다."는 데서 유래한 말이다(문성대, 2010, p. 138).

이항복이 인격과 인품을 닦기 위하여 마음 수양을 실천하였고, 이 과정에서 깨달음을 얻고자 했음을 알 수 있다.

[그림 4-4] 자기 수양의 상담자 이항복

2. 이항복 상담의 변화 전략

이항복의 삶에서 찾아본 긍정적 삶의 원리에는 커다란 공통점이 있다. '부정 정서를 긍정 정서로 변화시키는 것'이다. 이것은 변화시키고자 하는 대상이 자기 자신인 경우와 타인(청담자)인 경우로 나누어 살펴볼 수 있다. 각각의 경우를 다시 다섯 가지 단계로 나누어 다음과 같이 정리할 수 있다.

1) 변화 대상이 자신인 경우

첫 번째 단계는 부정 정서의 발생이다. 우리는 일상

생활의 수많은 장면에서 좋지 않은 정서를 느끼게 된다. 슬픔, 분노, 실망, 우울, 불쾌, 자괴감 등이 대표적인 부정 정서라고 할 수 있다.

두 번째 단계는 부정 정서의 수용이다. 부정 정서를 무작정 참거나 폭발시키는 것은 추후 더 큰 부정적 감정을 불러일으킬 수 있다. 화를 참지 못하고 폭발시켰다가, 나중에 후회하며 끙끙 앓는 경우가 그에 속한다. 따라서 우리는 부정 정서를 꼭꼭 씹어 소화해 내야 할 필요가 있다. 우선 자신이 부정 정서를 느끼고 있다는 사실 자체를 얼른 인지해야 한다. 그리고 어떤 상황에서 부정 정서가 발생한 것인지, 그 원인이 무엇인지 등을 세밀하게 살펴볼 필요가 있다. 결국 부정 정서의 수용이라는 것은 자신의 마음 상태를 투명하게 되짚어 보는 단계이다.

세 번째 단계는 인식 전환이다. 전 단계를 통하여 부정 정서의 원인을 살펴보았으므로 이제는 그에 대한 조치가 필요하다. 부정 정서의 원인은 상황마다 매우 다양하기 때문에 세부적인 조치를 일일이 열거하긴 어렵다. 그러나 이항복은 이들을 관통하는 핵심적인 방법을 제시하고 있는데, 바로 '여유 가짐을 통한 비관주의의 약화'이다. 이항복의 긍정성을 대표하는 유머, 해학, 풍자는 사건에 대해 여유를 갖도록 돕는 역할을 한다. 부정적인 사건이 발생했을 때, 유머와 해학이 시도됨으로써 부정 정서가 심화되는 것을 막는 것이다. 이는 사건을 객관적으로 바라보게 하고, 불필요한 감정 소모를 막으며, 새로운 시각으로 문제를 해결할 수 있게 하는 바탕이 된다.

네 번째 단계는 긍정 정서의 회복이다. 인식 전환을 통하여 슬픔, 분노, 실망, 우울, 불쾌, 자괴감 대신 기쁨, 즐거움, 행복, 유쾌함, 만족스러움 등의 정서를 느끼는 단계이다. 긍정 정서의 회복은 부정 정서가 발생했을 때 느껴졌던 스트레스를 감소시키며, 몸의 긴장을 완화하는 역할을 수행한다.

다섯 번째 단계는 성찰을 통한 자기 수양이다. 부정 정서가 긍정 정서로 회복되는 과정을 찬찬히 되짚어 보는 것이다. 이 단계를 통하여 다음에 비슷한 사건이 발생했을 때 부정 정서를 효율적으로 대처하는 방법을 터득할 수 있다. 또한 부정 정서를 함부로 표출하거나, 혹은 속으로 곪게 내버려 두지 않음으로써 보다 성숙한 인격을 갖추도록 돕는다.

지금까지 언급한 다섯 단계를 도식으로 나타내면 [그림 4-5]와 같다.

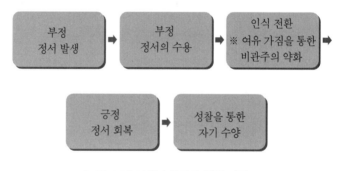

[그림 4-5] 이항복 상담의 변화 전략:
변화의 대상이 자기 자신인 경우

이해를 돕기 위하여 이항복의 『무술조천록』과 당대의 문신이었던 이정구(1564~1635)의 『월사집』을 살펴보도록 하겠다. 『무술조천록』은 임진왜란이 끝날 무렵 뜻하지 않은 명나라 조정의 오해를 풀고자 사행의 길에 오른 백사 이항복이 기록한 일기체 형식의 기행 시집이며(이종건, 2013, p. 117),『월사집』은 이때 동행했던 이정구의 문집이다.

(1) 부정 정서 발생

당시 사신으로서 이항복이 가졌던 부담은 매우 컸을 것이다. 나라의 전쟁이 채 끝나지 않은 데다가 명나라 조정을 상대로 조선의 무고를 해명해야 하는 길이었으니 말이다. 더구나 때는 한겨울(12월과 이듬해 1월)이었고, 혹독한 추위 속에서 압록강을 건너야 하는 형편이었다. 그 와중에 동행인 이정구는 병이 나서 앓아 누워 예정된 일정이 계속 지체되고 있었다.[1]

무거운 임무로 인한 부담감과 답답함, 모진 추위로

---

1) 기록된 여정을 보면, 이항복의 사행길은 압록강을 건너기까지 모두 47일이 걸렸다. 여름에 사행을 간 박지원의 『열하일기』와 비교해 보면, 이항복의 사행길이 더 지름길이었는데도 11일이나 더 지체되었다. 반면 압록강을 건너서 요양까지는 이항복 일행이 6일, 박지원이 13일이 걸렸다. 이는 이항복의 사행길이 얼마나 급한 걸음이었는지 보여 주는 것이다(이종건, 2013, pp. 123-124).

인한 신체적 괴로움, 예정된 일정이 예상치 못하게 지체되는 데에서 오는 초조함이 이항복에게 발생했으리라 충분히 짐작할 수 있다.

(2) 부정 정서의 수용

당시의 어려웠던 상황에 대하여 이항복은 다음과 같은 시를 남겼다.

> 층계진 어름 언덕 꼭대기에 쌓인 눈
> 해 저물녘 소가 끄는 수레가 배 같다네.
> 한밤에 투숙한 산 주막에서 밥도 짓기 전,
> 겨우 짐을 풀자 닭이 울어 수레에 멍에 하라네.
>
> (이종건, 2013, p. 132)

1행에서는 겨울의 혹독한 추위가, 2행에서는 사행길의 모습이 묘사되어 있다. "소가 끄는 수레가 배 같다."라는 표현에서 이항복이 느꼈던 무거운 부담감을 알 수 있다. 3행과 4행에서는 제대로 쉬지도 먹지도 못하고 길을 나서야 했던 급박함이 표현되어 있다. 자신의 마음속에 생겨난 부정 정서를 인정하고, 이를 대상화하여 시의 소재로 삼은 것이다. 담담한 묘사를 통하여 이항복이 자신의 부정적 감정을 소화해 내고 있음을 알 수 있다.

(3) 인식 전환

극심한 추위 탓에 일정은 계속 지체되고, 동행인 이정구는 병까지 났다. 이항복으로서는 큰 걱정이 아닐 수 없었을 것이다. 그러나 자신의 상황을 비관하고 원망하는 데에만 정서를 소비한다면 아무것도 나아질 게 없었다. 이에 이항복은 이정구에게 농담을 던진다.

> 이빨이 딱딱 부딪치고 머리까지 흔들흔들
> 수레를 탔더니 배 탄 것 같다네.
> 길가는 사람이 어찌 알까, 그 안에 사람이 있다는 것을.
> 아이들은 똥밭에서 뒹군 소라고 우긴다네.
>
> (이종건, 2013, p. 130)

상황의 험난함을 오히려 우스꽝스럽게 묘사하고 있다. 앞서 인용한 시와 비교해 보면 훨씬 여유로움이 느껴진다. 고난에 대한 인식 전환이 이루어졌음을 알 수 있다.

(4) 긍정 정서 회복

앞의 상황에 대하여 이정구는 다음과 같은 글을 남겼다.

> 이 날은 나 또한 병이 들어서 수레에 앉아 있었다. 상공(이항복)은 기욕(嗜慾)을 잊지 아니했다. 마침 수레를 푸른 소가 끌고 있었기에, 그 운자를 써서 먼저 스스로 마음을 풀고 시를 지었다.
>
> (이종건, 2013, pp. 130-131)

"먼저 스스로 마음을 풀고 시를 지었다."라는 표현에서 이항복의 긍정 정서가 회복되었음을 알 수 있다. '마음을 풀다.'라는 것은 당시 일행들이 지니고 있던 긴장감과 불안함이 극복되었다는 뜻한다고 해석할 수 있다.

(5) 성찰을 통한 자기 수양

이정구의 병이 나은 후, 이항복은 다시 한 번 시를 읊는다.

> 먼 길을 여행할 때 병이 많이 생기지만
> 의사의 치료로는 마땅한 것이 없을 것이네.
> 마음을 편안히 하는 것이 제일 좋은 약이니
> 가만히 앉아서 시도 읊지 마시오.
>
> (이종건, 2013, p.127)

먼 길을 여행할 때는 육체적 · 정신적 피로가 함께 쌓이게 된다. 이에 이항복은 "의사의 치료로도 마땅치 않으니, 마음을 편안히 하라."라고 이야기하고 있다. 고난의 정서를 극복한 후 스스로 성찰하여 나온 글귀라고 볼 수 있을 것이다. 또한 이후의 고난을 어떻게 다루어야 할지에 대한 의견도 엿보인다.

2) 변화 대상이 타인인 경우

첫 번째 단계는 타인(이하 청담자)에게 부정 정서가 발생하는 것이다. 청담자가 자신의 부정 정서를 느끼고 직접 상담자를 찾아올 수도 있고, 상담자가 먼저 청담자의 부정 정서를 발견할 수도 있다. 모든 사람이 자신의 감정을 정확히 알아차리는 것이 아님을 염두에 두어야 할 것이다.

두 번째 단계는 상호 개방을 통한 부정 정서의 노출 단계이다. 청담자의 성향에 따라 방어적인 태도를 취한 채 좀처럼 마음을 드러내지 않는 경우도 있을 것이다. 따라서 상담자는 라포(rapport) 형성을 위해 각별한 노력을 기울여야 한다. '상담자 이항복'의 모습에서 보여주었던 '자기 자신의 우선 개방' '수용과 공감' '진정성·일치성 있는 자세' '높은 수준의 만남' 등이 도움이 될 것이다. 상담자는 청담자의 이야기를 경청하는 한편, 청담자의 언어적·비언어적 표현을 신속하게 알아차려야 한다.

세 번째 단계는 인식 전환 협조 단계이다. 전 단계를 통하여 발견한 부정 정서를 확인하고, 적절한 협조 방법을 모색해야 한다. 이 역시 '여유 가짐을 통한 비관주의 약화'가 핵심이다. 상담자가 직접 긍정적인 삶의 모델이 되어 영향을 줄 수도 있을 것이다.

네 번째 단계는 청담자의 긍정 정서 회복을 돕는 단계이다. 슬픔, 분노, 실망, 우울, 불쾌, 자괴감과 같은 정서 대신 기쁨, 즐거움, 행복, 유쾌함, 만족스러움 등의 정서를 느낄 수 있도록 돕는 것이다. 상담자는 청담자의 성향을 판단하여 친구와의 만남 갖기, 휴식하기, 쇼핑하기, 여행 다녀오기, 좋은 책 읽기 등 대체 감정을 느낄 수 있는 다양한 방법을 제시할 수 있을 것이다.

다섯 번째 단계는 청담자와의 신뢰 관계 재구축 단계이다. 상담 관계 속에서 상담자-청담자였던 관계가, 이제는 하나의 의미 있는 타인이 되도록 돕는 것이다. 이것은 상담을 통해 획득한 긍정성을 지속시키는 효과가 있다.

지금까지 언급한 다섯 단계를 도식으로 나타내면 [그림 4-6]과 같다.

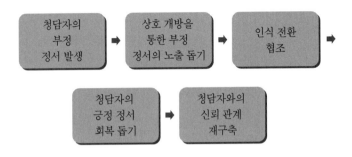

[그림 4-6] 이항복 상담의 변화 전략: 변화의 대상이 타인인 경우

이해를 돕기 위하여, 『무술조천록』과 『월사집』의 내용을 살펴보도록 하겠다.

(1) 청담자의 부정 정서 발생

당시 이정구가 겪어야 했던 부정 정서는 이항복과 비슷했을 것이다. 전쟁이 채 끝나지 않은 조국에 대한 걱정, 명나라 조정의 오해를 풀어야 한다는 부담감, 추위로 인한 신체적 괴로움, 그리고 자신의 병으로 인하여 일정이 밀리고 있다는 것에 대한 미안함이 발생했을 것이다.

(2) 상호 개방을 통한 부정 정서의 노출 돕기

이정구가 병이 난 상황에 대하여, 이항복은 화를 내거나 걱정을 표현하는 대신 유머가 담긴 시를 써서 건넸다. 차마 부정적인 속내를 밝히지 못하고 끙끙 앓았을 이정구의 정서 개방을 도운 것이라 할 수 있다. 이항복은 당시 상황을 '우스꽝스럽고 별것 아닌' 것처럼 묘사했다. 이는 심각했던 분위기를 반전시킴으로써 이정구로 하여금 마음의 짐을 덜 수 있도록 했을 것이며, 궁극에는 이정구 본인의 정서를 노출하도록 촉진했을 것이다.

(3) 인식 전환 협조

이항복으로부터 받은 시에 대하여, 이정구는 다음과 같은 답시를 썼다.

> 수레 위에 짐보따리로 싸서 푹 파묻혀
> 털옷을 껴안고 굳세게 앉았으니 배 같구나.
> 북경 가까이에 가 변방 수령이 묻는다면

푸른 소가 멍에로 끄는 수레엔 사람이 있다고 말하리라.

(이종건, 2013, p. 131)

이항복의 농담을 점잖게 받아치며, "수레에는 사람이 있음을 변방 수령에게 알리겠다."라는 새로운 농담을 하고 있다. 이항복의 긍정성에 영향을 받아 상황에 대한 인식 전환이 이루어지고 있음을 보여 준다.

(4) 청담자의 긍정 정서 회복 돕기

병을 앓고 난 후, 이정구는 이항복의 시에 대하여 다시 한번 답시를 한다.

안심(安心)하는 법의 가르침을 받고 보니
참으로 병이었음을 알겠습니다.
시름에 얽힌 걸 스스로 풀어 내 보지 못하고
시 읊기에만 빠져 그르쳤군요.

시는 고요 속에서 얻어지는 것.
고요하면 문득 시와 함께하기 좋습니다.

시 가운데 고요함이 절로 있는데,

어찌 시 속에서 고요하지 말라 하오.

(이종건, 2013, p. 127)

이정구가 자신의 부정 정서를 극복하고 차분함을 되찾았음을 알 수 있다. "고요하면 시와 함께하기 좋다. 그런데 어떻게 시를 읊지 말라고 하느냐."라며 이항복의 시에 반박하는 내용에서는 상황에 대한 여유마저 느껴진다.

(5) 청담자와의 신뢰 관계 재구축

이후에도 이항복과 이정구는 여러 차례 시를 주고받는다. 특히 이항복은 이정구에게 이백의 시를 골라 베껴서 선물하기도 했는데, 평소 이백을 존경하고 있던 이정구는 이항복에게 감동하여 다음과 같은 시를 지었다.

시를 짓고 봉해서 나에게 보내오니

왕희지의 글씨와도 바꿀 수 없네.

글씨가 알차니 더욱 보기 좋고

형주의 황금보다 더 보배로다.

가지고 돌아가 책상에 두고

초당 푸른 대나무 그늘에서

맑은 향기 맡을 만하니

늙도록 간직 하고 말고.

(이정구, 2013, p. 129)

　이항복의 글씨에 대한 찬사와 그의 선물을 영원히
간직하겠다는 이야기가 담겨 있다. 이후 나이 든 이정
구가 이항복의 시를 꺼내어 보며 흐뭇하게 미소 짓는
모습을 상상할 수 있다. 단순한 사행길 동료였던 두 사
람의 관계가 의미 있는 타인으로 변화하였음을 짐작할
수 있다. 한편 이정구가 아팠을 때 이항복이 건넸던 시
는 『백사집』이 아니라 이정구의 『월사집』에 담겨 있는
것이 특징이다. 당시의 어려웠던 상황을 재치로 극복
하는 이항복의 모습이 이정구에게 인상 깊게 다가왔음
을 짐작할 수 있다. 결국 이항복의 긍정성은 이정구에
게 영향을 미친 것이다.

이항복 상담의 적용

1. 이항복의 긍정적인 삶 실천하기

1) 삶의 긍정적 요소 개발하기

삶을 긍정적으로 살아가는 데 필요한 통찰, 협동심, 따뜻한 마음, 희망, 재능 등의 성향과 기능, 환경 등을 긍정적 요소라고 할 수 있다. 이는 '성격'보다 포괄적이며, 선천적인 재능과 주변 환경을 포함한다는 점에서 긍정심리학의 성격 강점과 구분할 수 있다.

긍정적 요소는 타고 태어나는 것도 있지만 개발·발

전 가능한 부분도 존재하고,[1] 개인의 성격과 재능에 따라 개인차가 존재한다. 따라서 긍정적인 삶을 살아가기 위해선, 자기가 가지고 있는 긍정 자원을 적극적으로 탐방하여 그 요소를 개발하는 것이 도움이 된다. 이 활동은 자기 탐구 및 자아실현 활동과도 자연스럽게 연결될 수 있을 것이다.

이항복의 긍정적 요소는 그가 남긴 수많은 일화 속에 잘 표현되어 있다. 유머, 자애, 개방성, 진정성, 용기, 수용, 성찰, 해학과 풍자 등이 그의 긍정적 요소에 포함된다. 계축옥사 때 이충복과 비슷한 이름이라는 이유로 잡혀 왔던 이원복을 구조하기 위하여 "내 이름 또한 저 자와 비슷하니, 얼른 나를 변호해야 하겠구나!" 하고 농담을 던진 일화를 살펴보자.

이항복은 '신중함'과 '통찰'을 바탕으로 이원복이 죄인이 아니라는 것을 판단했을 것이다. 물론 여기에는 억울한 이를 딱하게 여기는 '자애'가 우선 발휘되었으리라

---

1) 이항복의 활달성은 타고 태어난 성격이 지닌 긍정적 요소이고, 깊은 통찰력은 관직 생활을 하며 더욱 발전한 긍정적 요소라고 할 수 있다.

생각된다. 그는 흉흉한 상황 속에서도 죄인의 무고함을 발언할 '용기'를 가지고 있었다. 그리고 여러 표현 방법 중 '유머'와 '해학'을 통해 사람의 마음을 움직였다. 이항복은 자신의 긍정적 요소를 적극적으로 활용하여 이원복을 살린 것이다.

자신의 긍정적 요소를 발견하고 개발하기 위하여, 필자는 이항복의 삶을 바탕으로 다음과 같은 세 가지 방법을 제안한다.

(1) 다양한 경험 쌓기

사람은 상황에 따라 숨겨져 있던 다양한 모습을 드러낸다. 가령, 사교적이지 못하다는 평을 듣던 사람이 리더의 자리에 오르고 나서는 탁월한 지도력을 발휘하는 경우가 있으며, 평소에 눈에 띄지 않던 사람이 무대 위에 올랐을 때 끼를 발산하는 경우도 있다.

이와 같이 각각의 긍정적 요소는 그 요소들이 잘 발산될 수 있는 특정한 상황들을 지닌다. 따라서 우리는 다양한 경험에 도전해 볼 필요가 있다. 전혀 예상하지 못했던 분야에서 긍정적 요소가 발견될 수도 있는 법이다. 이때 경험에 대한 도전이 성공적이었는가, 실패하였는가 하는 문제는 중요하지 않다. 실패 경험 속에서도 그것을 회복하는 과정을 통해 숨겨진 긍정 성향이 드러날 수 있다. 가령, 실패의 실망감을 극복하고 긍정 상태의 마음으로 회복하는 속도가 빠른 것, 같은 실수를 하지 않기 위해 실패 원인을 꼼꼼하게 복기하는 능력 등도 개개인이 가진 긍정적 요소라고 할 수 있을 것이다.

(2) 자아 탐구하기

개인이 가진 긍정적 요소를 발견하기 위해선 자기 자신을 진지하게 탐구해 볼 필요가 있다. 어떤 상황에서 보람과 즐거움을 느끼는지, 타인의 인정이 없더라도 스스로 만족할 수 있는 일에는 무엇이 있는지, 고난과 괴로움을 어떻게 극복해 왔는지 등을 세세하게 돌이켜 본다. 그리고 각각의 상황 속에서 변화하는 마음의 움직임을 살펴본다. 꾸준하게 일기 쓰기, 자문자답하기, 객관화된 검사 받아 보기 등이 도움이 될 것이다.

익숙한 생활 장면에서 긍정적 요소가 새롭게 발견될
수도 있다. 가령, 인맥이 넓은 사람이라면 자신의 어떤
요소가 인맥을 넓히고 유지하는 데 도움이 된 것인지
탐구해 볼 필요가 있다. 믿을 만한 주변인의 평가를 살
펴보는 것도 참고할 만하다. 타인의 평가에 민감해지라
는 것이 아니다. 겉으로 드러나는 자신의 모습을 살펴
봄으로써 스스로 깨닫지 못했던 새로운 면모를 발견할
수 있다는 것이다.

이러한 탐구의 결과물 중에 공통적이면서 지속적으
로 드러나는 어떤 성향이나 기능이 있을 것이다. 그것
이 개인이 가진 긍정적 요소일 가능성이 크다.

(3) 긍정적 요소, 새롭게 활용하기

앞서 제시한 두 가지 방법이 긍정적 요소를 발견하는
과정이었다면, 이 방법은 발견된 긍정적 요소를 확장하
는 과정이다. 가령 내가 가진 긍정적 요소가 '개방성'일
때 나와 반대되는 정치적 · 종교적 의견을 끝까지 경청
하는 활동을 통하여 타인에 대한 이해를 넓힐 수 있을

것이다. 내가 가진 긍정적 요소가 '풍류'라면 자연을 즐기는 것에 예술적 소양을 더할 수 있다. 자연을 그림이나 음악으로 표현하기, 영상이나 사진으로 남기기, 자연과 관련한 글 써서 출판하기 등으로 활동의 폭을 넓히는 것이다.

긍정적 요소의 새로운 활용은 이미 가지고 있는 요소의 폭을 넓혀 활용하는 것이므로 효율적인 작업이 될 것이라 예상된다. 또한 개인이 가진 긍정적 요소를 적극적으로 드러낼 수 있는 경험의 누적은 개인의 삶에 즐거움과 만족을 부여할 수 있을 것이다.

지금까지 언급한 내용을 요약하면 [그림 5-1]과 같다.

[그림 5-1] 삶의 긍정적 요소 탐구 방법과 획득 과정

2) 의미 있는 대인 관계 만들기

(1) 가까운 곳에서부터 의미 있는 대인 관계 갖기

우리는 가까운 사람과의 관계를 소홀히 하기 쉽다. 그러나 물리적 시간의 공유 정도가 긍정적으로 의미 있는 관계를 보장하지는 않는다. 가령, '부모-자녀' 관계에서, 부모는 자신들이 특별한 노력을 기울이지 않아도 관계가 유지될 것이라 믿는 경향이 있다. '부모-자녀'의 구성원 중에 이런 생각을 지니고 있다면, 결국 남남만도 못한 가족 관계가 되어 버릴 것이라는 건 예상 가능하다. 비슷한 갈등 사례로는 가족이라는 이유로 부당한 희생을 요구하는 경우, 또는 오랜 친구라는 이유로 무리한 부탁을 함부로 하는 것 등이 있다.

이항복은 평생에 걸쳐 다양한 인간관계를 맺어 왔으나 그 시작은 가족과 친구였다. 장인인 권율과는 익살스러운 일화를 많이 남겼지만, 그 바탕이 탄탄한 신뢰로 이루어져 있음을 많은 일화로 살펴볼 수 있었다. 가족에 대한 자애는 그의 집안을 명문가로 부흥시키는 원동력이 되었으며, 친구 한음과의 관계에서 보여 주었던 진정성은 '오성과 한음'이라는 이야기가 되어 민간에 널리 퍼질 정도였다. 즉, 이항복은 자신과 가까운 곳에서부터 의미 있는 대인 관계를 만들어 왔다. 이는 다른 인간관계를 발전시키는 것의 바탕이 되었다.

인간관계라는 것은 아무리 물리적으로 가깝더라도 노력하지 않으면 허물어지는 법이다. '부모-자식'처럼 핏줄로 연결된 경우마저 남보다 못한 상황이 올 수 있다. 새로운 대인 관계, 넓은 대인 관계를 지향하기 이전에 자기 주변 사람과 진정성 있는 관계를 맺고 성실하게 유지하고 있는가를 점검해 보아야 한다.

(2) 관계에서 느껴지는 감정을 투명하게 받아들이기

의미 있는 대인 관계를 만들기 위하여, 타인과의 관계에서 느껴지는 감정 경험을 왜곡하지 않고 있는 그대로 수용할 줄 알아야 한다. 가령, 어떤 일을 힘겹게 추진하고 있는데, 경력 어린 후배가 적절한 조언을 해 주는 상황을 생각해 보자. 이때 '고마움'을 느끼는 것이 일반적인 감정 경험일 것이다. 그러나 평소 후배에 대해 좋지 않은 편견을 갖고 있거나, 무의식적인 권위 의식이 발동되는 순간 감정 왜곡이 일어난다. 후배의 태도를 건방지고 버릇없다고 여기거나, 후배에게 조언받는 자기 자신을 부끄럽다고 생각해 버리는 것이다. 이럴 경우 후배와의 인간관계가 깨질 수밖에 없다.

이항복과 인연을 맺었던 대인 관계를 살펴보면, 한음 외에도 이호민(동인), 한준겸(남인), 유성룡(동인), 윤두수(서인), 신흠(서인), 기자헌(북인), 최명길(서인) 등이 있는데, 이들의 당파를 살펴보면 참으로 다양하다는 것을 알 수 있다. '붕당'이라는 전체와 각각의 '개인'을 분리하여 사귐이 가능했다는 것인데, 이는 쉽지 않은 일이다. 만약 이항복이 특정 붕당에 대한 의견을 개인의 평가에 끌고 왔다면 어땠을까. 특정 붕당 소속 사람을 대할 때 감정 왜곡이 발생했을 것이다. 이렇게 왜곡된 감정은 상대 무시하기, 상대 비난하기, 언행 비꼬아 보기 등의 형태로 도출되었을 것이고, 결국 관계 형성에 실패할 수밖에 없었을 테다.

타인에게서 느끼는 감정을 왜곡 없이 투명하게 받아

들이는 것이 의미 있는 관계를 만드는 바탕임을 이항복의 삶에서 확인할 수 있다.

(3) 상대를 비소유적으로 좋아하기

의미 있는 대인 관계를 만들기 위하여 상대를 비소유적으로 좋아해야 한다. 상대를 비소유적으로 여긴다는 것은, 상대를 내 입맛에 맞게 조정하려 하면 안 된다는 것을 뜻한다. 우리는 친밀한 관계일수록 상대가 내 뜻에 맞게 행동해 주기를 바라는 경향이 있다. 또한 상대가 응하지 않을 경우 실망과 괘씸함을 느끼고는 한다. "다른 사람은 그렇다 치더라도, 너마저 이럴 줄은 몰랐다."라는 표현이 그것을 말해 준다.

더 큰 문제는 상대를 소유하려 할수록 집착과 간섭이 심해지고, 자기 성향에 맞게 고치려 든다는 것이다. 상대의 정치 성향이나 종교 생활, 심지어는 머리 모양과 옷 스타일까지 함부로 바꾸려 드는 경우를 심심찮게 볼 수 있다. 당연히 이 관계는 긍정적인 발전을 기대하기 어렵게 된다. 이항복은 한음과 무척 다른 성격이었으나, 단 한 번도 한음의 성격을 고치려 한 적이 없었다. 다만 긍정적인 에너지를 옆에서 발휘함으로써, 한음 스스로 변화할 수 있도록 도왔을 뿐이다.

이항복과 유성룡의 관계 역시 참고해 볼 만하다. 그들은 좋은 관계를 유지하고 있었지만, 왜란 때에는 큰 충돌이 발생했다. 이항복은 선조가 명으로 피난을 가야 한다는 입장이었고, 유성룡은 그에 반대하였던 것이다. 결국 이항복의 주장대로 명으로의 피난길이 결정되었지만, 그 과정에서 많은 부작용이 발생한 것도 사실이었다. 이에 이항복이 유성룡이 머무는 숙소를 직접 찾아가 사죄하니, 유성룡 역시 자기에게도 잘못이 있었다며 고백하였다. 이렇게 하여 두 사람은 지난 앙금을 풀고 다시 좋은 결말을 맞이할 수 있었다.

만약 이항복과 유성룡의 관계가 소유적인 관계였다면, '내 뜻에 맞지 않게 행동한 괘씸한 인물'로 상대방을 낙인찍었을 가능성이 크다. 그러나 두 사람은 서로를 독립된 인격체로 존중했다. 따라서 서로 다른 의견을 내세울 수 있으리라는 상황을 당연히 수용한 것이다. 즉, 두 사람의 관계 회복은 비소유적인 존중이 바탕에 깔린 것이다.

상대를 소유하려는 마음이 생긴다는 것은 상대를 나와 독립된 인격으로 바라보지 않았다는 증거이다. 상대를 비소유적으로 좋아한다는 것은 상대의 인격에 대한 존중이다. 또한 '내 뜻에 따라야만 마음을 열겠다.'는 조건을 배제한 존재 자체의 수용이라고 볼 수 있을 것이다.

(4) 상대를 위하는 마음을 행동으로 나타내기

상대를 위하는 마음을 행동으로 나타내는 것 역시 의미 있는 대인 관계를 만들기 위한 필수 요소이다. 물론 대인 관계는 정신적·내면적 교류를 바탕으로 이루어지는 것이다. 하지만 그것이 행동으로 나타나지 않으면 관계를 신뢰하기 어려워진다.

이항복은 자신이 역적으로 몰릴 위험이 있다 하더라도 상대를 지키고자 하는 마음을 언행으로 보여 주었다. 이덕형이 왕의 미움을 받아 조정에서 쫓겨났을 때조차 자기 의견은 이덕형과 다를 바 없다며 그를 두둔하고 벼슬을 거절한 것을 보면 알 수 있다. 이렇듯 주변 인물들을 위해 발 벗고 나선 일화는 이항복의 삶 곳곳에서 목격된다. 1602년에는 우계 성혼과 송강 정철을 구하려다가 축출 위기를 맞았고, 1612년에 권필이 구속되었을 때에는 울음으로 그의 억울함을 간언하기도 하였다(이종건, 2013).

이항복처럼 위험한 상황에서 목숨을 내걸어 가며 상대를 구해야만 의미 있는 관계가 된다는 것이 아니다. 우리가 얻어야 할 교훈은 '마음과 행동의 일치'이다. 아무리 서로가 마음으로 아끼는 사이라 한들, 겉으로 드러나는 태도가 불성실하거나 강압적이라면 관계를 의심할 수밖에 없을 것이다.

표현하지 않는 마음을 상대가 저절로 알아차릴 확률은 낮다. 상대를 위한 마음을 행동으로 일치시켜야 한다. 이는 관계의 신뢰성과 진정성을 강화함으로써 관계에 집중하게 돕는다. 긍정적이고 의미 있는 관계가 되도록 촉진하는 것이다.

지금까지 언급한 내용을 요약하면 [그림 5-2]와 같다.

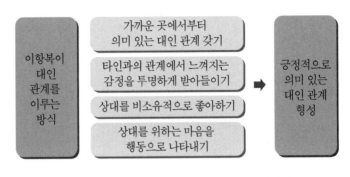

[그림 5-2] 긍정적으로 의미 있는 대인 관계 형성법

3) 마음속 피로와 스트레스 풀어 내기

(1) 유머 감각 개발하기

이항복의 긍정성에 있어 유머가 중요한 요소임은 이 책에서 수차례 언급한 부분이다. 유머를 통하여 문제에 대한 여유를 가질 수 있고, 인식 전환을 할 수 있으며, 결과적으로 문제 해결의 실마리를 찾는 데 도움을 받을 수 있다. 굳이 문제 상황이 아니라 하더라도 마찬가지이다. 유머를 통한 즐거움의 추구를 통해 우리는 일상의 웃음 빈도를 늘릴 수 있고, 만족스러운 감정을 느낄

수 있다.

유머 감각을 개발한다는 것은 유머의 주도자가 되어 자신과 남을 웃게 만드는 것도 포함되지만, 타인이 제공하는 유머에 반응하며 웃음을 터뜨릴 수 있는 것도 포함된다. 이항복은 주로 유머의 주도자가 되는 편이었다. 이항복의 유머는 생활 속에서 혹은 직면한 힘겨운 상황 속에서 발휘되는 경우가 많았다. 사람과 일상에 대한 애정이 있었기에 여기저기에서 웃음 소재를 발견해 낼 수 있던 것이다. 이항복의 삶이 그러했듯, '내'가 포함된 공간 속에서도 얼마든지 재미있는 것들을 찾을 수 있다.

타인이 제공하는 유머에 반응하여 웃음을 터뜨리는 것도 스트레스 해소에 좋은 방법이다. TV나 라디오에서 제공되는 유머 프로그램, 유머 모음집, 생활 속 타인의 농담 등을 즐기는 것도 좋은 방법이다. 이항복 역시 장인인 권율이나 아내 권 씨 부인과 장난을 주거니 받거니 하며 즐거운 일상을 만들어 갔다. 상대의 장난과 농담에 비하나 문제 요소가 없다면, 그들의 익살, 넉살,

엉뚱한 언행들을 적극적으로 수용하고 반응하는 것은 바람직한 일이다.

때로는 일상의 진지함을 누그러뜨리는 시도를 통하여 여유를 가질 필요가 있다. 이항복의 유머로 가득한 삶이 그것을 증명한다.

(2) 주변을 둘러싼 자연에 관심 갖고 즐기기

자연의 아름다움은 그 자체로써 즐거움을 준다. 힘든 일이 있거나 스트레스가 쌓일 때, 자연 속으로 훌쩍 떠나 시간을 즐기는 것은 동서고금을 막론하고 인기 있는 회복 방법이다. 이항복 역시 자연의 아름다움을 즐긴 인물로서, 그의 풍류 정신은 시와 산문에 잘 녹아 있다.

이항복은 유배 생활을 할 때조차 유배지를 둘러싼 자연을 즐기며 글을 썼던 인물이다. 당시의 산문에 포함되어 있는 "태양 바람 고요하고 비가 갠 때마다 각건을 쓰고 바위에 걸터앉아 맑은 물, 푸른 산을 귀와 눈으로 천천히 감상하며 즐긴다."(박성희, 2014, p. 204)라는 문장에는 자연을 즐기는 그의 태도가 잘 드러나 있다. 유배 상황 속에서 풍류를 즐긴다는 것도 놀랍지만, 유배지의 자연을 묘사하는 태도 역시 눈여겨볼 만하다. 유배를 당한 입장에서, 유배지를 둘러싼 자연환경이란 감옥처럼 여겨질 수도 있는 법이다. 그러나 그는 여전히 자연을 '즐기고' 있다. 결국 자연을 즐기는 것에도 관점의 전환이 필요함을 보여 주는 것이다.

가장 좋은 방법은 시간을 내어 자연 속으로 들어가는 방법이다. 산, 바다, 휴양림, 수목원, 계곡 등 자연을 즐길 수 있는 장소는 많으며, 관련 동호회에 가입하는 것도 좋은 방법이다. 정 시간을 내기 어려운 상황이라면 일상 속에서 하늘을 바라볼 정도의 여유를 의식적으로 갖는 것도 좋다. 짧은 시간일지라도 하늘의 색채나 구름의 움직임을 느끼기에는 충분하다. 출퇴근길에 마주하는 가로수를 바라보며 계절의 변화가 가져다주는 놀라움을 감상할 수도 있고, 장마철 쏟아지는 빗소리를 들으며 시원함을 느낄 수도 있다. 바깥의 여유를 즐길 틈마저 없다면, 작은 화분 하나를 책상 위에 두고 생명의 자라남을 즐길 수도 있을 것이다.

자연은 늘 주변에 있지만 의식하지 않으면 없는 것이나 마찬가지이다. 평소에는 무심하게 스쳐 지나갈 수 있는 자연에 관심을 갖고, 특히 '즐긴다'는 관점으로 바라보는 것이 중요한 것이다.

(3) 취미 활동에 몰입하기

취미 생활은 삶에 활력을 가져다주는 요소이다. 취미 활동은 작업(work)과 마찬가지로 에너지를 소모하는 활동이지만, 주체자의 자발성과 흥미가 제일 중요한 동기로 작용한다는 점에서 차이가 있다. 취미는 재미와 함께 과정의 보람, 결과의 뿌듯함을 함께 느낄 수 있는 활동이므로 삶의 재충전에 기여할 뿐만 아니라, 분산되기 쉬운 에너지를 한곳으로 몰입하게 하는 효과가 있다.

이항복은 다양한 취미 활동을 지녔던 인물이었다. 당시 선비들이 즐겨 했던 시(詩), 서(書), 화(畵)에 모두 능하였던 것으로 보인다. '시'와 '서'는 앞서 여러 번 인용한 바 있으나, '화'는 안타깝게도 자료가 남아 있지 않다. 그러나 이항복의 그림은 김시[2]에게 칭찬을 받기도 했으며, 그림을 더 배우고자 그를 직접 찾아갔다는 기록(서한석, 2006)이 있는 것으로 보아 상당한 재능이 있었음을 알 수 있다. 또한 「잡기」의 기록에 따르면, 그는 한때 풍수에 흥미를 보이며 젊은 시절 풍수와 관련한 서적을 모조리 탐독했다(Ibid.). 재미있는 것은 격투기의 일종인 수박희(手搏戱)도 할 수 있었다는 것으로, 중국에 사신으로 가는 도중 시범을 보인 일화도 있다(이한, 2010). 이 기록을 보면 몸을 이용한 활동에도 흥미를 지녔으리라 짐작할 수 있다.

이와 같이 다양한 취미 활동은 이항복에게 있어 삶의 활력으로 다가왔을 것이다. 바쁘고 고단한 일상일수록 즐길 거리를 갖는 것은 매우 중요하다. 즐길 거리 하나 없이 일만 하다 보면 지침의 속도도 빨라질뿐더러,

---

2) 1524(중종 19)~1593(선조 26). 조선 중기의 문인화가. 16세기 후반의 화단에서 가장 영향력이 컸던 화가 중 한 명이다. 그리고 조선 중기 절파 화풍의 세력을 누리는 데 선도적인 구실과 함께 조선 초기와 중기를 잇는 교량적 위치에 놓여 있는 작가이다(한국민족문화대백과, encykorea.aks.ac.kr).

틈틈이 발생하는 여유 시간을 무작정 흘려 보내게 되기 때문이다.

축구, 농구, 춤추기 등 몸을 활용하는 것도 좋고, 독서, 꽃꽂이, 바느질 등 정적인 활동도 훌륭하다. 취미에의 적절한 몰입은 피로와 스트레스를 해소하는 가장 재미있는 방법이라고 할 수 있겠다.

지금까지 언급한 내용을 요약하면 [그림 5-3]과 같다.

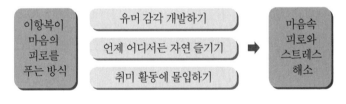

[그림 5-3] 마음의 피로를 해소하는 과정

2. 이항복 상담의 현장 적용

1) 개인 상담: '소중한 나' 교육

우리나라 사람들은 어린 시절부터 각종 비교와 경쟁

에 노출되어 있다. 성적은 물론이요, 키, 몸무게 같은 외양적 지표 및 아파트 평수로 대표되는 경제적 능력까지 평가당하며 줄 세워지는 형국이다. 경쟁 그 자체도 불안과 스트레스를 유발하는 것이지만 경쟁 이후의 후유증도 큰 문제이다.

경쟁에서 승리하게 된 집단은 나의 가치를 경쟁에서의 승리 요소로 착각하기 쉽다. 가령, 나의 승리가 높은 성적, 선호되는 외모, 비싼 옷 등으로 얻은 것이라면, 자신의 가치 역시 그것에 있다고 믿는 것이다. 그러나 이런 물질적·지표적인 것들은 불안정성을 지니고 있다. 어느 날 갑자기 성적이 뚝 떨어지거나, 나이가 들면서 외양이 변화하기 시작하거나, 경제적 상황이 달라졌을 때 자신의 가치 역시 하락한다고 생각하며 비관하기 쉽다. 경쟁에서 패배하게 된 집단도 승리 집단 이상의 문제를 지니게 된다. 실망감, 좌절감으로 연결되는 경쟁 패배는 우울증과 낮은 자존감을 야기하기 쉽고, 심한 경우 사회에 부적응하거나 일탈 행동을 취할 수도 있다. 더욱이 우리 사회가 이들을 제대로 보살피는 기능을 하지 못하는 것이 큰 문제이다.

자신을 외부 기준에 맞추는 데에 익숙하다 보니 정작 자신의 삶에 쟈기가 세운 기준이 없게 되는 역설이 발생한다. 결국 주체성을 잃고 타의에 이끌려 다니는 문제가 발생하는 것이다. 따라서 학생들에게 자신의 가치를 되살려 주는 '소중한 나' 교육은 선택이 아닌 필수라고 할 수 있다.

다음 이항복의 일화를 살펴보도록 하겠다.

이항복은 계축년(1613)에 탄핵을 당하자 동대문 밖 교외로 나와 노원 마을 집에 우거하였다. 두어 칸 초가집에 거친 음식조차 대지 못했으나 편안한 마음으로 살았다. 지팡이 하나 들고 산수 속을 거닐었는데, 한 번은 초라한 복장으로 나귀를 타고 청평산을 유람하다가 소양강에 이르렀다. 한 배에 탄 젊은이들이 정승인 줄 모르고 많이 버릇없이 굴면서 온 이유를 따졌다.

공이 말하기를, "이곳이 산수가 좋다는 말을 듣고 살아볼까 하고 왔소." 하니 젊은이들이 더욱 방자하게 굴었다. 등 너머로 한 산을 가리키며, "대대로 전해 내려오기를, 이 산이 떠서 들어왔기[浮來] 때문에 이사 온 사람들이 대부분 부자가 된다고 하니 당신도 와서 살면 매우 좋을 것이오." 하고는 서로 시시덕거리기를, "이 사람 관자놀이에 둥근 옥이 찍혔으니 필시 돈 주고 뇌물을 산 모양이다." 하며 비웃고 사라졌다. 이에 공이 웃으며 시를 짓기를,

> 만년에 소양강 아래서
> 그대들과 함께 한 낚싯대로 늙으리
> 생계가 박할까 근심하지 말라
> 부래산(浮來山)이 있다네

하였다. 듣는 이가 배를 움켜쥐고 웃었다

(임창재 역, 1967, 한국고전번역원)

이 일화는 이항복이 '소중한 나'를 어떻게 지켰는지 보여 주고 있다.

첫째, 자기연민의 승화를 보여 주고 있다. 당시 이항복은 두 가지 괴로움에 처해 있었는데, 하나는 한음이 먼저 사망한 것이고, 나머지 하나는 궁에서 쫓겨난 것이었다. 평생 나라를 위해 애썼거늘 당파 싸움의 희생

양이 되어 버렸으니 억울해하며 좌절할 법도 한데, 이항복은 자신의 비애를 연민으로 승화하며 마음 편하게 지냈음을 보여 주고 있다.

둘째, 자기 자신을 조건과 상관없이 존중함을 보여 주고 있다. 영의정, 이조판서, 병조판서 등 내로라하는 자리를 차지하고 있던 시기에도, 궁에서 쫓겨나 낡은 초가집, 거친 음식, 남루한 옷차림으로 생활하던 시기에도 이항복은 여전히 자기 자신을 존중하고 있다. 벼슬자리에서 물러나 유랑한다 한들 그것으로 자신의 가치가 깎이는 것이 아님을 잘 알고 있기에 당당함과 우아함을 잃지 않을 수 있었던 것이다.

셋째, 자기 자신의 가치를 타인의 잣대에 두지 않음을 보여 주고 있다. 젊은이들이 이항복에게 예의 없이 군 것은 이항복의 행색 때문이었을 것이다. 초라한 행색을 보아하니 제대로 된 벼슬아치가 아닐 것이라는 판견이 작용한 것이다. 하지만 이항복은 타인으로부터의 평가에 크게 신경 쓰지 않는 모습을 보여 주고 있다. 그것이 자신의 가치를 훼손하지 못하리라는 확신이 있기 때문이다.

넷째, 부정적 상황에서의 빠른 인식 전환이 이루어짐을 보여 주고 있다. 이 일화에서 젊은이들은 이항복을 면전에서 비웃고 있다. 제삼자에게 제멋대로 평가당하고 비난받는 상황을 생각해 보자. 아무리 이항복이라고 한들 순간적으로 부정적인 감정이 들었으리라 생각된다. 그러나 이항복은 유머 가득한 시를 한 편 남기며 오히려 주변 사람을 웃게 만들었다. 긍정 정서로의 회복력, 즉 인식 전환이 무척 빨랐음을 알 수 있다.

'소중한 나'를 깨닫고 사랑하는 것은 삶을 긍정적으로 살게 해 주는 모든 방법의 시작이다. 이것을 깨닫지 못한 사람은 살아가면서 부딪히게 되는 부정적인 상황이나 정서에 휘말려 '나'를 포기하게 되기 때문이다. 바람직한 정체성을 지니지 못한 이들에게 이항복의 일화가 보여 주는 네 가지 방법을 통해 '자기 자신' 그 자체의 긍정성과 소중함을 느낄 수 있도록 해야 한다. 이것은 올바른 정체성을 이루는 데 도움을 주며, 자긍심과 자존감을 높일 수 있는 가장 탄탄한 방법이다.

2) 공동체 상담

사람은 태어나는 순간부터 수차례의 공동체 생활을 경험한다. 우리의 일상 자체가 공동체 생활의 연속이라 해도 과언이 아니다. 가족, 학교, 직장, 동아리 등이 대표적인 공동체라고 할 수 있다. 각기 다른 속성을 지닌 사람들이 모여 공유된 목표를 향해 나아갈 때 잡음이 발생하게 마련이다. 가능하면 불필요한 잡음을 줄여 쓸데없이 낭비되는 에너지를 줄이고, 긍정성을 지닌 공동체로 성장하는 것은 매우 중요한 일이다. 앞서 이야기한 이항복 상담의 요소를 바탕으로 몇 가지 방법을 제시할 수 있다.

첫째, 긍정적인 영향을 주고받는다. 이항복은 긍정적 삶의 모델로서 그의 주변인에게 긍정적인 에너지를 부여한 인물이다. 우리는 모두 이항복이 될 수 있다. 자신의 긍정성을 깨닫고 공동체 활동에 임함으로써 다른 구성원들에게 좋은 영향을 끼칠 수 있다.

둘째, 유머가 있는 공동체를 만든다. 공동체 안에 유머가 있다는 것은 유머를 발화·수용할 수 있는 허용적인 분위기가 있음을 뜻한다. 유머는 공동의 목표를 추진하면서 발생할 수 있는 집단 피로와 갈등을 줄일 뿐 아니라, 친교 기능을 수행하고 소통 기능을 원활히 하는 데 도움을 줄 것이다.

셋째, 개인의 긍정적 요소를 활용하고 개발할 수 있는 역할을 배분한다. 긍정적 요소는 개인차가 존재하며, 발전적이고 도덕적인 특징을 지닌다고 언급한 바 있다. 공동체 내에서 맡은 역할이 개인의 긍정적 요소와 일치할 때 업무 효율이 오르고 개인이 느끼는 만족감도 크다. 더욱이 집단 내에서 자기가 하는 일에 대한 자각을 뚜렷하게 가짐으로써 자긍심을 느끼는 데에 도움을 줄 수 있다.

넷째, 서로 의미 있는 대인 관계를 형성한다. 진정성을 바탕으로 한 신뢰와 수용 관계가 형성되었을 때 사람들은 서로 의미 있는 존재가 될 수 있다. 공동체는 사람과 사람 간의 '관계'가 모여 형성된 것이므로, 의미 있는 대인 관계로 이루어진 공동체가 그렇지 못한 공동체에 비해 훨씬 발전적이라는 것은 예상 가능한 일이다.

공동체 내에서 의미 있는 대인 관계가 형성되었을 때 개인이 공동체에 갖는 충성도 역시 높아질 것이다.

사회생활을 하는 개인은 누구나 공동체에 속할 수밖에 없다. 당연히 개인과 공동체의 관계는 매우 중요하다. 개인의 발전이 공동체의 발전으로 이어지고, 공동체의 발전이 개인의 발전을 이끌어 주는 관계가 가장 이상적이다. 앞서 제시한 방법들을 통하여 공동체의 발전을 도모할 수 있을 것이다.

3) 양육자 상담

좋은 양육자가 되고자 하는 것은 자녀를 키우는 사람이라면 누구나 가지고 있을 소망이다. 좋은 양육자의 기준은 시대에 따라 조금씩 달라져 왔으나, 대체로 자녀의 행복이 중요한 비중을 차지한다. 오늘날 우리나라에서도 많은 양육자가 그들의 자녀를 위해 많은 노력을 하고 있다. 그러나 치열한 경쟁을 부추기는 사회적 분위기 탓인지, 양육자도 자녀도 행복하지 않은 채 에너지의 소비만 과도하게 일어나는 상황이다. 이런 현실 속에서 좋은 양육자가 되기 위한 고민은 매우 깊을 것이다.

이항복의 삶은 양육자들의 고민에 몇 가지 방안을 제시하고 있다.

첫째, 자녀의 성장 속도에 맞추어 걷는 양육자가 좋은 양육자이다. 이항복을 묘사하는 기록에는 "어렸을 때는 기개와 의리로써 자부하다가 늦게서야 학문을 좋아하였다."(서한석, 2006, p. 55)라는 내용이 있다. 이처럼 이항복은 어린 시절 노는 데 집중하였고, 학문에 발을 들인 것은 비교적 늦은 시기였다. 그러나 충분히 제 몫을 해냈을뿐더러 결국 나라에서 필요로 하는 인재가 될 수 있었다. 양육자는 자녀가 성장에 따라 자연스럽게 관심사가 변해 가는 과정을 느긋하게 즐길 줄 알아야 할 것이다. 자녀의 속도나 의사를 무시한 채 '투자'를 하고 그 결과를 '요구'하는 것은 금물이다.

둘째, 긍정적인 삶의 모델이 되어 주는 양육자가 좋은 양육자이다. 자녀는 양육자의 삶을 스펀지처럼 흡수하며 성장한다. "아이 앞에서는 물도 함부로 마시지 말라."는 옛말이 괜히 있는 것이 아니다. 자녀가 긍정적인 사람으로 자라길 원한다면 직접 긍정적인 삶의 모델이 되어 에너지를 발산해 주는 것이 중요하다. 일할 땐 일하고, 놀 땐 놀고, 주변 사람과 깊은 친분을 맺고, 여유를 즐기며 행복하게 사는 모습을 가족의 일상 안으로 들여놓아야 한다. 이항복의 후손이 성공할 수 있었던 가장 큰 비결은 가장 좋은 삶의 역할모델이 집 안에 있었기 때문이라고 할 수 있을 것이다.

셋째, 양육자의 성공 기준으로 자녀의 행복을 재단하지 않는 양육자가 좋은 양육자이다. 양육자가 자녀에게 자신만의 성공 기준을 강요할 때 갈등이 발생한다. 행복은 성공과 반드시 구분되어야 하는 개념이다. 만약 성공을 행복과 동일 선상에 놓게 된다면, 과거 시험에 연이어 실패했음에도 여전히 긍정성을 잃지 않았던 이항복을 설명할 수 없게 된다. 자녀를 양육자의 성공 기준에 맞춰 키우려 하지 말고, 스스로 긍정성을 유지하며 행복해질 방법을 찾게끔 도와주는 것을 고민해 보아야 할 것이다.

결국 이항복의 삶이 제시하는 '좋은 양육자'가 되기

위한 방법이란 삶을 행복하게 살 수 있는 자녀를 양육하라는 것으로 귀결된다. 그리고 그 핵심에 여유, 긍정성, 주체성이 존재함을 확인할 수 있을 것이다.

4) 진로 상담

이 책에서 제시한 이항복의 삶과 이항복 상담의 요소를 활용하면 일련의 진로 상담 과정을 도출할 수 있다.

우선, '소중한 나' 교육을 통하여 자긍심을 향상한다. 높은 자긍심은 긍정적인 자아상을 갖게 함으로써 자아 탐구 과정을 의미 있게 촉진하는 효과가 있다. 다음으로, 개인의 긍정적 요소를 탐구한 후, 그것을 개발하고 발전시킨다. 이것에 대해선 앞서 '삶의 긍정적 요소 찾아 개발하기'의 장에서 자세하게 설명하였다.

자아 탐구 과정을 거친 후에는 직업 탐구 과정으로 넘어가게 된다. 이때 중시되는 것이 '개방성'이다. 이항복은 시대의 주류가 아닌 분야에도 큰 관심을 가지며 탐구하였고, 배울 점이 있다고 생각되면 이웃 나라의 문화라도 적극적으로 수용하고자 하였으며, 폐단을 일으키는 고루한 악습은 과감히 개혁해야 함을 주장하였다. 직업을 탐구하는 과정에도 이와 같은 개방적인 자세가 필요하다. 사회적으로 잘 알려진 주류 직업군보다 더 큰 직업의 세계가 있음을 인지하고, 다양한 가능성을 열어 두어야 한다.

또한 선호하는 직업군이 어느 정도 윤곽을 드러낸 후에는, 그 분야의 인물 중 긍정적인 영향을 줄 수 있는 역할 모델을 세우는 것이 바람직하다. 당시 이항복의 후배 혹은 제자였던 정충신, 최명길 등이 이항복의 영향을 받으며 조정 활동을 하였고, 이후 정조는 다음과 같은 글을 남겨 그를 모범적인 재상의 모델로 제시한 바 있다. 이후 많은 신하가 이항복을 본받고자 했으리라 짐작할 수 있다.

백사(白沙) 이항복(李恒福)으로 말하면, 덕망과 공로와 문장과 절개 중에서 하나만 얻어도 어진 재상이라고 할 수 있는데 하물며 한 몸에 겸하였다. …… '나라가 전복되는 위기에서 참된 신하를 안다.'는 말은 이항복을 가리키는 말이 아니겠는가. …… 참으로 충의가 탁월한 사람이 아니라면 어떻게 백 년이 지난 뒤에도 사람을 감동시킬 수 있겠는가.

(홍가은, 1998)

진로 상담 과정을 요약하면 [그림 5-4]와 같이 나타낼 수 있다.

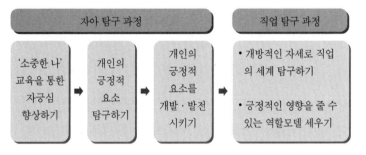

[그림 5-4] 이항복 상담 요소를 활용한 진로상담 과정

6

이항복 상담의 시사점

이항복 상담의 목적은 현대인이 바람직한 변화를 이루도록 도움을 주는 것이다. 이 책에서는 이항복이 남긴 문헌과 기록된 일화 중 상담학적 가치가 있는 요소를 연구하여 '이항복과 상담'이라는 지식으로 일반화하였고, 그 적용 방안을 살펴보았다.

'이항복 상담' 지식에는 상담자 이항복의 모습과 그의 변화 전략이 포함되어 있다. 이항복은 그 존재 자체가 긍정적 삶의 모델이었으며, 수용과 공감, 신뢰를 바탕으로 하는 상담자였고, 동시에 끊임없는 자기 수양의 상담자였음을 이 책을 통해 확인하였다. 또한 '이항복 상담'의 변화 전략으로서 부정 정서의 발생, 부정 정서의 수용, 인식 전환, 긍정 정서의 회복, 성찰을 통한 자기 수양 과정을 제시하였다. 특히 인식 전환 단계에서 개인의 긍정적 요소가 복합적으로 결합하여 정서 회복에 작용한다는 점, 성찰을 통한 자기 수양 단계에서 감정 변화에 대한 통찰 과정이 강조된다는 점은 기존의 상담 방식과 차별성을 지니는 부분이다. 개인이 지닌 긍정적 요소와 내면의 변화 과정이 문제 해결 과정에서 적극적으로 탐구되기 때문에, 청담자가 긍정적인 자아상을 갖는 데에도 도움을 줄 수 있을 것이다. 이 두 과정은 향후 '이항복 상담'의 구체적 상담 프로그램 제작 시 핵심이 되어야 하는 과정이다.

한편 이 책을 통하여 살면서 마주하게 되는 부정적 사건들과, 이에 필연적으로 따라오는 부정적 감정을 어떻게 건강한 방법으로 해소할지에 대한 방안을 살펴보았다. 이항복의 삶을 긍정적으로 이끌어 주었던 요소들은 유머, 풍자, 해학, 자기연민의 승화, 수용과 실천, 풍류, 자애 등이었다. 이것들은 부정 정서를 긍정 정서로 전환하는 데 핵심적인 역할을 했던 요소들이다. 그런데 삶의 긍정적 요소는 타고난 성향과 사회 환경에 따라 그 구성이 달라질 수 있다. 따라서 이 연구에서는 개개인이 삶의 긍정적 요소를 찾아 개발할 필요가 있음을 이야기하고 있다. 그 방안으로 다양한 경험 쌓기, 자아 탐구하기, 자신이 가지고 있는 긍정적 요소를 새롭게 활용해 보기 등을 제시하였다. 긍정적 요소의 개발은 긍정 정서의 체험을 촉진함으로써 주관적 행복을 느끼는 데 도움을 줄 것이다.

또한 이항복은 의미 있는 인간관계를 통하여 개인의 긍정성을 향상할 수 있음을 보여 주었다. 관계를 맺는다는 것은 영향을 주고받는다는 것을 뜻한다. 특히 서로를 바람직한 방향으로 이끌며 성장시키는 관계를 의미 있다고 볼 수 있는데, 이것은 "인격적인 만남을 통해 사람들의 바람직한 변화를 돕는다."(박성희, 2007a)라는 상담의 정의와도 연결된다. 이 책에서는 의미 있는 대인 관계를 만들기 위하여 가까운 곳에서부터 의미 있는 대인 관계 만들기, 관계에서 느끼는 감정을 투명하게 받아들이기, 상대를 비소유적으로 좋아하기, 상대를 위하는 마음을 행동으로 나타내기 등을 제시하였다. 오늘날 삶의 만족도가 하락한 원인 중 하나는 의미 있는 인간관계의 상실이다. 이러한 상황을 고려해 볼 때, 이항복의 삶을 모델로 하여 유의미한 인간관계를 회복하는 것은 개인의 긍정성 향상에 도움이 되리라 여겨진다.

이 책에서 다룬 내용은 높은 자살률과 낮은 삶의 만족도를 보이는 우리 사회에 건강하고 유의미한 방법으로 긍정성을 회복할 수 있다는 시사점을 남긴다. 우선, 개인의 긍정성 회복 측면을 살펴보겠다. 인적 자원이 나라의 운명을 좌지우지하는 우리나라에서, 사람들은 어린 시절부터 비교와 경쟁에 노출되어 있다. 그러나 경쟁이 주는 스트레스와 긴장을 풀 곳 없다는 것이 큰 문제이다. 더욱이 타인이 세워 둔 기준에 자신을 맞추는 것이 익숙해지다 보니, 주체성을 잃어버리는 상황 또한 짚고 넘어가지 않을 수 없다. 따라서 건강한 자기애를 부활시키고, 존재 자체의 긍정성을 일깨워 줄 수 있는 '소중한 나'에 대한 교육이 절실하다. 이것은 정체성을 찾아가는 과정 중에 있는 학생들에게 필수적일뿐더러, 사회에서 마주한 부정적 사건으로 인하여 자기애를 잃어버린 모든 사람에게 도움을 줄 수 있다. 물론 가장 좋은 방법은 양육자의 올바른 교육을 통하여 체득하는 것이다. 이 책에서는 이항복 상담의 양육자 상담 활용 방안을 제시하였다. 좋은 양육자란 '행복한 삶을 살 수 있는 자녀를 양육하는 양육자'이며, 그 핵심에 긍정성과 주체성이 자리함을 이야기하였다.

다음으로, 공동체의 긍정성 회복 방안 역시 살펴볼 문제이다. 공동체는 개인과 개인이 모여 만들어진 집단이므로, 긍정성 회복에서 가장 핵심이 되는 것은 개인 관계의 질을 높이는 것이라 볼 수 있다. 이항복 상담에서는 서로 의미 있는 대인 관계를 이룰 것, 그리고 그 관계 속에서 긍정적인 영향을 주고받을 것을 이야기하고 있다. 가령, 학교 현장에서는 학생들의 교우 관계가 얼마나 건강하게 이루어지고 있는지에 대하여 큰 관심을 가져야 한다. 이것은 성적처럼 바로 드러나는 지표가 아니기 때문에 소홀해지기 쉬움을 자각하고 늘 신경

쓸 필요가 있다. 한편, 공동체 내에서 개인의 긍정적 요소를 존중하고, 유머가 있는 허용적인 분위기를 만드는 것 역시 긍정성 회복에 도움을 줄 것이다.

비관적인 상황에서 자기 자신을 지키는 마음은 결국 개인 내면의 긍정성에서 나온다. 일상의 부정 정서를 극복하지 못하고 자기 자신마저 해치는 일이 빈번해진 오늘날, 자신에 대한 긍정성을 획득하고자 하는 '이항복 상담'은 큰 의미가 있다고 여겨진다. 따라서 '이항복 상담'에 대한 보다 다양하고 깊은 상담학적 연구는, 우리의 삶이 바람직한 방향으로 바뀌는 데 일조할 수 있을 것이다.

참고문헌

권석만(2008). 긍정심리학-행복의 과학적 탐구. 서울: 학지사.

권영대, 김신호, 이재수(1987). 국역 선조실록 5. 한국고전번역원.

김경희(1996). 고종 10년 9월 14일. 승정원일기. 한국고전번역원.

김윤수, 이정섭, 조명근(1989). 국역 선조수정실록 3. 한국고전번역원.

문성대(2010). 이항복의 골계적 기질과 웃음의 이면(裏面). 우리어문연구, 36.

박성희(2007a). 마음과 상담. 서울: 학지사.

박성희(2007b). 상담의 새로운 패러다임. 서울: 학지사.

박성희(2008). 고전에서 상담 지식 추출하기-논어를 중심으로. 서울: 학지사.

박성희(2011). 진정성. 서울: 학지사.

박성희(2014). 시대를 넘어선 멘토 아버지. 서울: 학지사.

서기종, 윤주필, 이규옥, 이상현(1992). 국역 광해군 일기 11. 한국고전번역원.

서한석(2006). 白沙 李恒福의 散文에 관한 研究. 성균관대학교 박사학위 논문.

세종대왕기념사업회(1999. 12. 30). 국역 국조인물고, 56. (사)세종대왕기념사업회. http://terms.naver.com/entry.nhn?docId=945725&cid=49618&categoryId=49618 (원전은 국조인물고, 권56, 왜난시 정토인)

신호열(1978). 인사문 선희학. 성호사설, 제9권. 한국고전번역원.

이병찬(2014). 이항복 선생의 생애와 시. 포천문향천년, 제6집. (사)포천문인협회.

이승수(2011). 李恒福 이야기의 전승 동력과 기원. 한국어문학연구, 56.

이종건(2013). 백사 이항복의 문학연구. 국학자료원.

이한(2010). 죽마고우 이항복과 한음. 경기: 청아출판사.

임정기(1998a). 백사집, 제1권. 한국고전번역원.

임정기(1998b). 백사집, 제3권. 한국고전번역원.

임정기(1998c). 백사집, 제5권. 한국고전번역원.

임창재(1967). 선조조 고사말본. 연려실기술, 제18권. 한국고전번역원.

조명근(1989). 25년 임진(1592, 만력 20) 6월 1일. 국역 선조수정실록. 한국고전번역원.

홍기은(1998). 일득록 11. 홍재전서, 제171권. 한국고전번역원.

Klein, A. (1989). *The healing power of humor*. 양영철 역 (2010). 긍정의 유머 심리학. 서울: 경성라인.

Peterson, C. (2007). *A primer in positive psychology*. 문용린, 김인자, 백수현 역(2010). 크리스토퍼 피터슨의 긍정심리학 프라이머. 경기: 물푸레.

Seligman, M. E. P. (2002). *Authentic happiness*. 김인자, 우문식 역(2014). 마틴 셀리그만의 긍정심리학(개정판). 경기: 물푸레·한국긍정심리연구소.

저자 소개

나예원(Na, YeWeon)

청주교육대학교 영어교육과 졸업
청주교육대학교 교육대학원 교육학석사(초등상담교육 전공)
현) 진천상산초등학교 교사

[수상]
교실수업개선연구 교육장 표창(2009)
건전한 청소년 육성 기여 공로상(2009)
과학행사 유공교원 교육감 표창(2011)
청소년 단체활동 유공교원 교육감 표창(2012)
충북아동실기대회 학생지도교사 총장상(2014)
대통령기 제37회 국민독서경진 진천군 최우수단체 지도교사 교육장상(2017)

[논문]
이항복과 상담(2016)

박성희(Park, Sunghee)

1957년 서울 출생
서울대학교 사범대학 교육학과 졸업
서울대학교 대학원 교육학과 교육상담학 박사
한국행동과학연구소 상담실 책임연구원
미국 위스콘신 대학교 상담학과 객원교수
캐나다 브리티시 컬럼비아 대학교 상담학과(ECPS) 객원교수
한국상담학회 수련감독사
현) 청주교육대학교 초등교육학과 교수

[저서와 역서]
원효의 한마음과 무애상담(학지사, 2016)
나의 지금에게 길을 묻다(학지사, 2015)
담임이 이끌어 가는 학급상담(학지사, 2006)
한국형 초등학교 생활지도와 상담(공저, 학지사, 2006)
꾸중을 꾸중답게, 칭찬을 칭찬답게(학지사, 2005)
초등학교 현장 상담대화기법 동영상 CD 프로그램(학지사, 2005)
공감학: 어제와 오늘(학지사, 2004)
상담학 연구방법론: 사회과학 연구방법의 새로운 지평(학지사, 2004)
상담의 도구(대한민국학술원선정 우수도서, 공저, 학지사, 2002)
동화로 열어가는 상담이야기(학지사, 2001)
상담의 새로운 패러다임(대한민국학술원선정 우수도서, 학지사, 2001)
상담의 실제(대한민국학술원선정 우수도서, 공저, 학지사, 2001)
새내기 상담가를 위한 상담과 심리치료(공저, 교육과학사, 2000)
공감과 친사회행동(문음사, 1997)
사람들의 행동을 변화시키는 특이한 방법들(역, 양서원, 1995)

[수상]
대한민국학술원선정 우수도서(2003)
제12회 한국교육학회 학술상 수상(2006)
제14회 삼천리자전거배 전국산악자전거대회 초급 마스타부 우승
제2회 봉화춘양목송이배 전국산악자전거대회 초급 마스타부 우승

동양상담학 시리즈 17

이항복과 상담

2017년 12월 20일 1판 1쇄 인쇄
2017년 12월 25일 1판 1쇄 발행

지은이 • 나예원 · 박성희
펴낸이 • 김진환
펴낸곳 • (주) **학지사**

　　　　04031 서울특별시 마포구 양화로 15길 20 마인드월드빌딩
대표전화 • 02)330-5114　　　　팩스 • 02)324-2345
등록번호 • 제313-2006-000265호

홈페이지 • http://www.hakjisa.co.kr
페이스북 • https://www.facebook.com/hakjisabook

ISBN 978-89-997-1471-9 94180
　　　　978-89-997-1470-2(set)

정가 12,000원

이 도서의 국립중앙도서관 출판시도서목록(CIP)은 서지정보유통지
원시스템 홈페이지(http://seoji.nl.go.kr)와 국가자료공동목록시스템
(http://www.nl.go.kr/kolisnet)에서 이용하실 수 있습니다.
(CIP 제어번호: CIP2017034459)

교육문화출판미디어그룹 **학지사**

심리검사연구소 **인싸이트** www.inpsyt.co.kr
원격교육연수원 **카운피아** www.counpia.com
학술논문서비스 **뉴논문** www.newnonmun.com
간호보건의학출판 **정담미디어** www.jdmpub.com